Mengen, Ziffern, Zahlen & Co.

Mathespiele, die Spaß machen

Praxisreihe Kindergarten

Inhalt

Zweimal hüpfen, zehnmal stampfen – Mathematik in bewegten Spielen

1, 2, 3, wir sind mit dabei! – Mathematik in Reimen erleben

Schlaues Köpfchen, aufgepasst! – Logisches Denken in Mitmachgeschichten verpackt

Vorwort

ZAHLEN HIER, GEOMETRIE DORT – MATHE IST AN JEDEM ORT

Mathematik ist etwas Spannendes und Greifbares. Wenn man im Alltag genau hinsieht, so wird einem erst richtig bewusst, dass man ständig mit ihr konfrontiert wird. Das beginnt schon am Morgen, beim Blick auf die Uhr oder den Wecker, wenn uns Zahlen verraten, wie spät es ist. Auch beim Decken des Frühstückstisches braucht man die Fähigkeit, Mengen zu erfassen, wenn eine bestimmte Anzahl von Tellern und Besteck benötigt wird. Sogar beim gerechten Verteilen von Keksen, bei dem wir beispielsweise hautnah mit der Division in Kontakt kommen, beschäftigen wir uns, wenn auch wahrscheinlich unbewusst, aber dennoch intensiv mit Mathematik.

Kinder setzen sich gerne mit Zahlen, Mengen und Geometrie auseinander. Sie sind richtig stolz, wenn sie mit ihren Fingern ihr Alter zeigen und die richtige Zahl dazu nennen können. Wenn sie gemessen werden und feststellen, wie schnell sie gewachsen sind, stärken Zahlen das Selbstwertgefühl der Kinder. Und auch beim Erschaffen von Bauwerken, die von den Kita-Kindern aus vielen unterschiedlichen geometrischen Körpern zusammengesetzt werden, ist pure Geometrie im Spiel. Je konkreter und greifbarer die ersten Erfahrungen sind, desto (be)greifbarer wird Mathematik für die Kinder.

Der spielerische und somit konkrete Zugang geht später, im Schulalter, leider oft verloren. Je abstrakter die Auseinandersetzung mit mathematischen Themen wird, desto schwerer fällt es manchen Kindern, diese zu durchschauen. Daher sollte die Kita einen Ort darstellen, der ein breites Erfahrungsspektrum an ganzheitlicher Mathematik im Alltag ermöglicht. Es bedarf nicht immer einer aufwendigen Vorbereitung oder eines umfangreichen Materialschatzes, um den Kindern einen spielerischen Umgang mit Zahlen, Mengen und Geometrie zu ermöglichen. Oft sind es kleine Impulse, die großen Eindruck hinterlassen können.

MATHEMATIK MIT ALLEN SINNEN

Die spielerische und ganzheitliche Basis, die das Einbeziehen möglichst vieler Sinne beinhaltet, soll in der Kita intensiv von den Kindern erlebt werden können. Der Alltag bietet viele Anlässe, um sich mit Mathematik bewusst zu befassen. Geht man beispielsweise bei einem Spaziergang mit offenen Augen durch die Welt, kann man schon vieles entdecken, wo mathematische Zusammenhänge verborgen sind. Im Hausdach erkennen wir die Form des Dreiecks, im Zaun die des Rechtecks oder im Fußball den Kreis. Die Hausnummern oder Geschwindigkeitsbeschränkungen bei Verkehrsschildern sind mit Ziffern versehen, die den Kindern häufig schon bekannt sind.

Eindrücke zu verbalisieren und mit mathematischen Fachbegriffen bewusst zu betiteln, ist wichtig und hilft den Kindern, Zusammenhänge mit Mathematik herzustellen. Dieses Heft soll Sie dazu ermutigen, auch in kleinen Alltagswahrnehmungen mathematische Entdeckungen mit den Kindern zu sammeln.

Kinder machen intensivere Lernerfahrungen, wenn sie sich wachsam und in ihrem eigenen Tempo der Beobachtung und Wahrnehmung ihrer Umgebung widmen können – dafür sollte man sich gezielt Zeit nehmen. Es lohnt sich: Sinneserlebnisse prägen und hinterlassen vielfältige Eindrücke und

je mehr Sinneskanäle bei den Kindern aktiviert werden, desto intensiver gestaltet sich die Wahrnehmungsverarbeitung. Ein Fruchtspieß schmeckt den Jungen und Mädchen bestimmt besonders gut, wenn sie diesen selbst, vielleicht nach einer bestimmten mathematischen Mengenabfolge, bestückt haben. Die Menge von drei Bananenstücken bekommt eine andere Bedeutung, wenn man diese selbst verköstigt hat.
Auch die Tatsache, dass manche Dinge mit Werten, seien es Preisvorgaben oder Gewichts- und Längenmaße, versehen sind, ist eine wichtige Erfahrung für die Kinder. Denn dadurch können sie einen wertvollen und direkten Bezug zu ihrer Lebenswirklichkeit herstellen.
Der Umgang mit Spielgeld hilft den Kindern, eine Beziehung zu echtem Geld aufzubauen und Preisvorgaben richtig ein- und abzuschätzen. Wie viel Geld habe ich zur Verfügung und was kann ich dafür bekommen? – Beim Einkaufsspiel in der Kita lässt sich das spielerisch erkunden. Sich mit anderen zu messen und den richtigen Umgang mit Messwerkzeugen kennenzulernen, macht Spaß und weckt den Ehrgeiz der Kinder. Sie lernen zudem Größen, Längen und das Gewicht von Gegenständen ein- und abzuschätzen.
Mit wenig Material, dafür einer genauen Beobachtung, kann man Mathematik für die Kinder sichtbar machen.

FÜR WEN SIND DIE MATHE-IMPULSE DES BUCHES GEDACHT?

Dieses Heft soll mit seinen mathematischen Aktionen in erster Linie Kinder im Vorschulalter ansprechen. Das bedeutet aber nicht, dass sich die Impulse ausschließlich auf die Zielgruppe der 5- bis 6-jährigen Kinder beschränkt. Zeigen jüngere Kinder ebenso Interesse an mathematischen Themen, sind sie natürlich herzlich eingeladen, ebenfalls an den Aktivitäten teilzunehmen.
Die Auswahl der Gruppenstärke lässt sich in den meisten Fällen bei den mathematischen Aktionen, ebenso wie das Alter der Kinder, individuell gestalten. Sie können viele Impulse sowohl als Angebot in der Einzelförderung der Kinder als auch als eine Aktivität in der Klein- oder Teilgruppe anbieten. Je geringer die Anzahl der Kinder, desto besser gelingt die individuelle Förderung jedes einzelnen Kindes. Natürlich sind Spiele dabei, die sich am besten für das gemeinsame Spiel in der Gruppe eignen. Jede Übung ist mit einer Altersangabe sowie einem Gruppenstärke-Hinweis versehen und kann selbstverständlich auf die Bedürfnisse Ihrer Kinder ganz individuell abgestimmt werden.
Der Hinweis „Kleingruppe" bezieht sich auf eine Kinderanzahl von 2 bis 4 Kindern und „Teilgruppe" auf eine Anzahl von 5 bis 10 Kindern. Die Empfehlung „Gesamtgruppe" sieht das Einbeziehen aller Kinder der Gruppe vor. Es gilt jedoch auch hier: Sie kennen Ihre Kinder am besten und wissen, bei welcher Gruppenstärke diese aktiv und mit Spaß teilhaben können.

Die Aktionen sind im Großen und Ganzen so aufgebaut, dass sie sich völlig ungezwungen in den Alltag integrieren lassen. Das Einbeziehen von Sprache in Kombination mit Bewegung soll den Lernprozess unterstützen. Die Impulse zu Zahlen und Mengen sind zumeist auf den Zahlenraum 1 bis 10 beschränkt. Viele Angebote lassen sich jedoch beliebig, ganz nach Können oder Interesse Ihrer Kinder, auch über den Zahlenraum 10 hinaus erweitern.

Bei der Auseinandersetzung mit den Impulsen können die Kinder folgende Kompetenzen festigen oder erwerben:

- Zahlen kennenlernen und richtig benennen
- Zahlen den richtigen Mengen zuordnen
- Abzählen in der richtigen Zahlenfolge
- Simultanes Mengenerfassen
- Wiegen, messen und die Werte miteinander vergleichen
- Raum-Lage-Beziehungen erkennen und benennen
- Geometrische Figuren wahrnehmen, benennen und selbst darstellen
- Sortieren und klassifizieren mit unterschiedlichen Materialien
- Logische Zusammenhänge erkennen und verstehen
- Mathematik im sprachlichen Kontext verstehen

Wovon die Kinder bei allen Aktivitäten am meisten profitieren können, ist das Erleben der Freude an Mathematik, beim Sammeln von Erfahrungen, beim Entdecken von Neuem und davon, selbst Fehlern mit Frustrationstoleranz zu begegnen. Geduld aufzubringen, wenn etwas nicht gleich gelingt, und den Mut zu fassen, es einfach noch mal zu versuchen, ist ebenso eine wichtige Erfahrung. Denn ohne Versuch und Irrtum konnten selbst die bekanntesten Mathematiker nicht auf neue Erkenntnisse stoßen.

In diesem Sinne wünsche ich all meinen Leser*innen viel Freude und Spannung bei der Umsetzung der mathematischen Impulse mit den Kindern.

„Das Schönste, was wir erleben können, ist das Geheimnisvolle."
Albert Einstein

Unsere Welt steckt voller Zahlen – Zahlen- und Mengenspiele für drinnen und draußen

Im Alltag sind wir immer wieder mit Zahlen und Mengen konfrontiert – häufig unbewusst. Bei lustigen Aktionen wie z. B. einem Zahlenspaziergang oder einem Wurf-Wett-Zahlenspiel kann man bei den Kindern das Interesse an Zahlen und Mengen in Windeseile wecken.

Mit kleinen Aktionen lassen sich den Kindern die Zusammenhänge zwischen Zahlen und Mengen verdeutlichen und so beispielsweise auch das simultane Mengenerfassen festigen. Oft braucht es nur wenige Materialien, dafür aber eine genaue und detailgetreue Wahrnehmung.

Zahlenspaziergang

Zahlen kann man überall entdecken, man muss nur bewusst hinsehen. Bei diesem Spaziergang sind die Kinder als Zahlendetektive unterwegs und werden bestimmt so manches entdecken.

Gruppe
Teil- oder Gesamtgruppe
Alter
4 bis 6 Jahre

MATERIAL

Fotoapparat • Packpapier • Filzstifte

DURCHFÜHRUNG

Sprechen Sie vor dem geplanten Spaziergang mit den Kindern über Zahlen. Welche und wie viele Zahlen kennen die Kinder bereits? Das können Zahlen im Zahlenraum bis 10 sein, aber auch Fantasiezahlen.
Gestalten Sie gemeinsam aus Packpapier ein Zahlenplakat, auf das die Kinder viele bunte Zahlen (so viele ihnen einfallen) mit Filzstiften aufmalen.
Erzählen Sie den Kindern, dass sie heute einen Zahlenspaziergang machen, bei dem die Kinder als Zahlendetektive unterwegs sein werden. Die Zahlendetektive sollen dabei möglichst viele Ziffern in der Umgebung entdecken.
Bestimmt erkennen die Kinder beim Spaziergang sofort die Hausnummern der umliegenden Häuser. Doch was lässt sich noch entdecken? Vielleicht ein Verkehrsschild mit einer Geschwindigkeitsbegrenzung? Nummernschilder von Autos? Werbung mit Telefonnummern? Selbstverständlich können Sie auch einen Fotoapparat mitnehmen, um die Entdeckungen festzuhalten.

TIPP Gestalten Sie aus den gemachten Fotos eine Collage. Reflektieren Sie mit den Kindern die Entdeckungen. Aus doppelten Zahlenfotos lässt sich beispielsweise auch im Nu ein Memory-Spiel herstellen.

Förderziele: visuelle Wahrnehmung • geometrische Figuren erkennen und benennen

Getarnte Zahlensuche

Gruppe
Teilgruppe
Alter
4 bis 6 Jahre

Hier braucht man einen scharfen Blick, um die getarnten Zahlen zu entdecken. Während der spannenden Zahlensuche trainieren die Kinder mit viel Spaß ihre Wahrnehmung und Konzentration.

MATERIAL

bunten Fotokarton • Schere • Bleistift

DURCHFÜHRUNG

Als Vorbereitung können Sie gemeinsam mit den Kindern Zahlenkärtchen herstellen. Dafür werden zunächst die Zahlen auf buntem Fotokarton (für den Frühling und Sommer am besten in Farben, die man vorwiegend in der Natur vorfindet, wie Grün, Braun, Grau, Gelb – für den Herbst/Winter in Farben, die man im Gruppenraum findet) aufgezeichnet und ausgeschnitten. Die Zahlen können unterschiedlich groß gestaltet werden, sodass eine große Vielfalt an bunten Zahlen entsteht.
Sind die Zahlen vorbereitet, kann das Spiel losgehen: Das Suchspiel findet bei schönem Wetter am besten im Garten statt (alternativ im Gruppen- oder Bewegungsraum). Dafür werden die Zahlen zunächst mit den Kindern besprochen. Natürlich müssen sich die Zahlen nicht nur auf 1 bis 10 beschränken. Wenn die Kinder damit vertraut sind oder es gerne werden möchten, können Sie auch über den Zahlenraum bis 10 hinausgehen.
Für das Spiel schlüpft ein Kind in die Rolle des Zahlenversteckers und ein anderes Kind in die Rolle des Zahlensuchers. Der Zahlensucher hält so lange die Augen geschlossen, bis der Zahlenverstecker alle Zahlen, gut getarnt, im Garten oder Gruppenraum versteckt hat (z. B. die grüne 2 im grünen Gras oder die graue 8 auf einem Steinhaufen usw.). Wurde alles erfolgreich versteckt, kann sich der Zahlensucher auf Entdeckungsreise begeben. Bestimmt braucht er dafür einen besonders scharfen Blick. Kann der Suchende alle Zahlen entdecken? Falls nicht, kann ihn der Versteckende unterstützen, indem er kleine Hinweise auf Formen oder Mengen gibt.

VARIATION

Wer die Zahl gefunden hat, kann für diese auch die passende Menge suchen: Zum Beispiel sammelt man für die Zahl 8 genau 8 Steine.

Förderziele: **visuelle Wahrnehmung • Zahlen erkennen und benennen**

Kunterbunte Legereihen

Gruppe
Teil- oder Gesamtgruppe
Alter
4 bis 6 Jahre

Immer wieder sammeln die Kinder mit Leidenschaft Blätter, Steine, Äste und vieles mehr und legen damit Muster oder Musterreihen. Bei dem folgenden Spiel wird der Legespaß von einer kleinen Rechenaufgabe begleitet.

MATERIAL

gesammelte Schätze aus der Natur wie Äste, Steine, Blätter etc. • Tonpapier • Filzstifte

DURCHFÜHRUNG

Jetzt werden Reihen gelegt, aber nach einer bestimmten Mengenvorgabe! Als Vorbereitung können Sie mit den Kindern im Garten oder bei einem Spaziergang diverse Naturmaterialien sammeln.
Die Materialien werden anschließend gemeinsam in Schuhkartons sortiert – jedes Material in einen eigenen Karton. Anschließend erhalten die Kinder Kärtchen, auf denen mehrere unterschiedliche Zahlen in einer Reihe stehen, z. B. 3 2 1 2 3. Bereiten Sie diese zuvor auf Tonkarton vor.
Nun haben die Kinder die Aufgabe, eine Musterreihe aus den Naturschätzen zu legen und dabei die Mengenvorgabe auf dem Kärtchen zu beachten. Für das vorliegende Beispiel wählen die Kinder etwa drei Äste, zwei Blätter, einen Stein, zwei Blätter und wieder drei Äste, die sie in einer Reihe nebeneinanderlegen. Schon ist die erste „Legeaufgabe" erfolgreich gelöst und eine neue kann beginnen.
Die spannenden Muster können auch gemeinsam betrachtet und in der Runde besprochen werden. Welche Materialien wurden dabei oft und gerne verwendet? Wer hat die meisten Materialien benötigt?

VARIANTE

Wer das Spiel besonders spannend gestalten möchte, kann daraus ein Wettspiel veranstalten. Wer schafft es am schnellsten, die Reihe nach der konkreten Mengenvorgabe zu legen?

Förderziele: Mengen erfassen und darstellen • Reihenfolgen erkennen und ausführen

Gartenanalyse

Gruppe
Klein- oder Teilgruppe
Alter
5 bis 6 Jahre

Wir sind von vielen Dingen umgeben. Doch von wie vielen eigentlich? Dieses Zähl- und Mengenspiel gibt genau darüber Aufschluss und lässt die Kinder zu wahren Zählexperten heranwachsen.

MATERIAL

weißes Papier • Buntstifte

DURCHFÜHRUNG

Wie viele Bäume stehen im Garten? Hat der Kita-Garten vielleicht mehrere Schaukeln? – Gehen Sie mit den Kindern gemeinsam in den Garten. Dort ermuntern Sie die Kinder dazu, eine kleine Bestandsaufnahme des Gartens zu machen, sich ganz genau umzusehen und dabei die größeren Gegenstände oder auch Pflanzen (wie Bäume) zu zählen. Die Ergebnisse können anschließend mit Buntstiften zu Papier gebracht werden – die Kinder malen beispielsweise drei Bäume und schreiben die Zahl 3 dazu. Im Anschluss können sich die Kinder darüber unterhalten, ob sie die gleichen Beobachtungen gemacht haben oder jemand vielleicht noch etwas anderes entdeckt hat.

VARIATION

Natürlich kann das Spiel auch im Gruppen- oder Bewegungsraum gespielt werden. Wichtig ist, dass man sich eher auf große Materialien oder das Mobiliar beschränkt.
Wenn Sie möchten, können Sie nach der Bestandsaufnahme durch die Kinder auch ein Lage-Raum-Spiel einbauen. Dabei geben Sie z. B. eine Aufgabenstellung vor wie „Stellt euch hinter den zweiten Baum von links". Wenn diese Aufgabe ausgeführt wurde, kann eines der Kinder die nächste stellen, etwa „Stellt euch neben die Gartenhütte" oder „Setzt euch auf die Schaukel"...

Förderziele: Abzählen in der richtigen Zahlenfolge • Mengen erfassen

Getümmel im Teich

Hier schwimmen die Fische, doch nicht irgendwelche. In diesem Teich tummeln sich die Zahlenfische herum und dürfen nur dann geangelt werden, wenn ihre Zahl zur passenden Menge gefragt ist!

Gruppe
Kleingruppe
Alter
4 bis 6 Jahre

MATERIAL

Sieb oder kleines Netz • Moosgummi • Schere • Stift • großes Gefäß mit Wasser • Handtuch

DURCHFÜHRUNG

Schneiden Sie gemeinsam mit den Kindern aus buntem Moosgummi kleine Fische aus (Größe ca. 10 cm) – je mehr Fische mit unterschiedlichen Zahlen hergestellt werden, desto spannender wird das Spiel später. Mit einem Permanentmarker wird nun auf die Oberseite der Fische je eine Zahl geschrieben. Anschließend bereiten Sie die Mengenkärtchen vor, die mit Punkten versehen werden. Die Anzahl der Punkte sollte jeweils mit den Zahlen auf den Fischen übereinstimmen. Nun noch ein großes Gefäß mit Wasser befüllen, ein Handtuch bereitlegen, und schon kann das Spiel beginnen.

Für das Spiel werden die Mengenkärtchen verdeckt neben das Wassergefäß auf den Boden gelegt. Nun dreht ein Kind ein Mengenkärtchen um und versucht mit dem Sieb oder dem Netz den passenden Fisch mit der entsprechenden Zahl aus dem Wasser zu angeln.
Hat das Kind diesen erwischt, darf ein anderes Kind das Spiel fortsetzen. Das Spiel geht so lange, bis alle Fische aus dem Wasser gefischt wurden.

Förderziele: Zahlen und Mengen erkennen und zuordnen • Feinmotorik schulen

Einkaufskörbe

Gruppe
Teilgruppe
Alter
5 bis 6 Jahre

Früh übt sich, wer Finanzmeister werden will. Dieses Spiel ist perfekt dafür geeignet, dass Kinder ein Gefühl für Additionen bekommen.

MATERIAL

5 Obstkörbe (Holzkörbchen z. B. von Erdbeeren) • einen Tisch oder eine Decke • weiße Sticker zum Beschriften • Stift • weißes Papier • 1- und 2-Euro-Münzen • Spiel- und Alltagsmaterialien im Gruppenraum

DURCHFÜHRUNG

Als Vorbereitung pausen die Kinder 1-Euro- und 2-Euro-Münzen auf weißes Papier ab. Die Münzen werden im Anschluss ausgeschnitten. Wenn Sie möchten, können Sie diese zum Schutz auch laminieren, um sie länger haltbar zu machen.
Richten Sie nun gemeinsam mit den Kindern einen Verkaufsstand her. Dies kann z. B. ein Tisch im Gruppenraum sein, aber auch eine Decke oder Ähnliches. Anschließend sammeln Sie mit den Kindern im Gruppenraum Spiel- oder Alltagsmaterialien ein, die später „verkauft" werden sollen.
Alle Materialien werden nun mit einem Preissticker versehen – der Preis sollte sich im Zahlenraum zwischen 1 bis 10 bewegen (oder wenn Ihre Kinder es möchten, darüber hinaus). Nun werden noch 5 Körbe mit einem Zahlensticker beklebt. Diese Zahl gibt die Gesamtsumme der Gegenstände an, die maximal von den Kindern „gekauft" werden dürfen.
Verteilen Sie die Körbe an die Kinder. Die Einkäufer erhalten zu ihrem Einkaufskorb auch eine vorgegebene Anzahl von Münzen, und schon kann das rechnerische Einkaufsspiel beginnen.
Ein bis zwei Kinder schlüpfen in die Rolle des Verkäufers und verkaufen ihre Ware. Die anderen Kinder können sich je einen Korb aussuchen und so viel Ware einkaufen, wie sie Geld zur Verfügung haben. Aber Achtung! Die vorgegebene Gesamtsumme des Einkaufskorbes darf nicht überschritten werden! Unterstützen Sie die Kinder beim Addieren und Überblick behalten.
Das Spiel braucht anfangs gewiss noch mehr Begleitung durch Sie. Haben die Kinder das Einkaufsspiel öfter gespielt, werden sie mit dem Ablauf und den Rechenaufgaben zunehmend besser vertraut.

Förderziele: Umgang mit (Spiel-)Geld • erste Additionsaufgaben lösen

Würfelreihen

Dieses Spiel haben schon die alten Römer gespielt und hatten dabei sicher damals schon viel Spaß. Mit wenig Material lassen sich hier große Spannung und Wettkampfeifer aufbauen.

Gruppe
Kleingruppe
Alter
4 bis 6 Jahre

MATERIAL

2 Würfel • 2 Stifte • 2 Blätter weißes Papier

DURCHFÜHRUNG

Dieses Spiel wird am Tisch zu zweit gespielt. Dafür erhält jeder Spieler einen Würfel, ein Blatt Papier und einen Stift. Die Kinder schreiben auf das Blatt Papier die Zahlen von 1 bis 6 der Reihe nach auf. Dann beginnt ein Kind zu würfeln. Ziel ist es, die Zahlen nacheinander zu würfeln, also zuerst die 1, dann die 2. Würfelt ein Kind die 1, darf es diese auf seinem Papier wegstreichen. Würfelt es eine andere Zahl, darf der Spielpartner sein Glück versuchen. Gewonnen hat der Spieler, der zuerst alle Zahlen der Reihe nach gewürfelt hat.

TIPP Für dieses Spiel benötigt man nicht zwingend einen Spielpartner, es kann auch allein gespielt werden. Man kann die Zahlenreihenfolge auch umdrehen und von der höchsten bis zur niedrigsten Zahl würfeln.

VARIATION

Wer möchte, kann auch zwei Würfel ins Spiel bringen und bis zum Zahlenraum 12 spielen.

Förderziele: Zahlen und Mengen erkennen und benennen • simultanes Mengenerfassen

Gruppe
Teil- oder Gesamtgruppe
Alter
3 bis 6 Jahre

Weit, weiter, am weitesten

Kinder messen sich gerne im Spiel. Doch wie weit ist eigentlich weit und wer schießt tatsächlich am weitesten? Um das herauszufinden, braucht es genaue Messungen mit dem passenden Werkzeug.

MATERIAL

Maßband • weiße kleine Papierkärtchen • Stift • Tennisball

DURCHFÜHRUNG

Am besten spielen Sie dieses Spiel mit den Kindern im Freien, vorzugsweise auf einer freien, weiten Wiese. Dabei dürfen die Kinder ihre Weitwurfkenntnisse zeigen und messen.
Es wird zunächst mit einem Ast eine Startlinie markiert, die nicht überschritten werden darf.
Als Nächstes erhält ein Kind einen Tennisball und versucht, so weit wie möglich damit zu werfen. Vermessen Sie gemeinsam mit den Kindern die Wurflänge mit einem Maßband und notieren auf einem Zettel sowohl die Weite als auch den Namen des Kindes. Dieser Zettel wird auf der jeweiligen Messstelle abgelegt. Nun darf der nächste Spieler versuchen, den Spielpartner mit seinem Wurf zu übertreffen. Wird er es schaffen? Und wer wirft letztendlich am weitesten?

Förderziele: Messtechniken kennenlernen • Zahlen bzw. Entfernungen erkennen und benennen

Leicht oder schwer?

Das fühlt sich schwer an! Aber wie schwer ist es tatsächlich? Kinder streben gerne Vergleiche an und zeigen mit Stolz, wie schwer sie heben oder tragen können. Bei dieser Übung können sie das mit konkreten Zahlen hinterlegen.

Gruppe
Teilgruppe
Alter
4 bis 6 Jahre

MATERIAL

eine digitale Körperwaage • Spiel- und Alltagsmaterialien im Freien oder Gruppenraum • Zettel • Stift • Klebeband

DURCHFÜHRUNG

Bei diesem Spiel können die Kinder dem Gewicht von Gegenständen konkrete Zahlen zuordnen. Wichtig: Klären Sie im Vorfeld mit den Kindern, dass nur Spiel- und Alltagsgegenstände gemessen werden dürfen, die auch auf die Waage passen (keine Möbelstücke wie Sessel oder Tische ...).
Nun arbeiten die Kinder im Team zusammen und holen Spiel- und Alltagsmaterialien herbei, die sie gerne abwiegen möchten. Die Gewichtsdaten werden anschließend mit Ihrer Hilfe auf kleinen Zetteln notiert und am Gegenstand mit Klebeband festgeklebt.
Wurden alle gewünschten Materialen gewogen, kann verglichen werden, was am schwersten und am leichtesten ist. Gibt es Dinge, die sogar gleich schwer sind? Bestimmt ist diese Wiege-Mission eine spannende Angelegenheit.

TIPP Natürlich kann man sich auch im Garten bzw. in der Natur auf die Suche machen nach Materialien, die man wiegen möchte. Vielleicht haben die Kinder beispielsweise Spaß daran, das Gewicht von Steinen zu vergleichen und zu erraten, welcher Stein der schwerste ist. Selbstverständlich können sich die Kinder auch selbst wiegen und ihr eigenes Körpergewicht auf einem Zettel notieren.

Förderziele: Gewichte kennenlernen • Zahlen erkennen und benennen

Geschätzte Stäbchenmenge

Gruppe
Kleingruppe
Alter
4 bis 6 Jahre

Bei diesem Spiel braucht man ein gutes Schätzgefühl und einen scharfen Blick. Wer hat das beste Gespür für Mengen und liegt mit seinem Tipp dem Ergebnis am nächsten?

MATERIAL

20 Holzspatel

DURCHFÜHRUNG

Erzählen Sie den Kindern, dass es heute darum geht, besonders gut zu schätzen. Dafür nimmt ein Kind eine beliebige Anzahl von Holzspateln in die Hand (von 1 bis 20 Stück). Anschließend schätzt der Spielpartner mit einem Blick, wie viele Holzspatel sich in der Hand des anderen Kindes befinden. Die Menge der Spatel wird dabei nur kurz gezeigt, da es um das Augenmaß geht. Anschließend versteckt das Kind wieder die Hand hinter dem Rücken, bis der Spielpartner seine Schätzzahl verkündet hat.
Nun können die Spatel gezählt und kontrolliert werden, ob das ratende Kind ein richtiges Schätzergebnis abgegeben hat. Unterstützen Sie die Kinder ggf. beim Abzählen.

VARIANTE

Wenn Sie das Spiel etwas schwieriger gestalten oder in der großen Gruppe spielen möchten, können Sie bunte Holzspatel einbauen. Diese legen Sie durcheinander auf den Boden und lassen die Kinder einen kurzen Blick darauf werfen. Anschließend wird ein Tuch über die Spatel gelegt und die Kinder sollen nun versuchen, die Mengen der farbigen Spatel zu erraten bzw. aller gelben, roten ... Spatel.

Förderziele: visuelle Wahrnehmung • Mengen erkennen und benennen • Abzählen

10 bunte Eier für Frau Meier

Gruppe
Kleingruppe
Alter
4 bis 6 Jahre

Bei Frau Meier dürfen Eier nie ausgehen, weil sie diese fürs Kochen und Backen ständig benötigt. Damit das nicht passiert, muss die Eierkartonschachtel kontrolliert und wieder lückenlos gefüllt werden.

MATERIAL

Eierkartonschachtel • 10 bunte Plastikeier, je 2 in den Farben Rot, Blau, Grün, Gelb, Weiß • Tuch

DURCHFÜHRUNG

Dieses kleine Rechenspiel schult auch zugleich die Farbwahrnehmung. Sie benötigen nur einen Eierkarton sowie 10 bunte Plastikeier.
Machen Sie den Kindern das Spiel einmal vor, indem sie beliebig viele Eier aus dem Eierkarton entfernen. Das sollte natürlich unbeobachtet geschehen. Die herausgenommenen Eier decken Sie anschließend mit einem Tuch ab. Können die Kinder nun erraten, wie viele Eier fehlen und in welchen Farben? Sprechen Sie dazu den folgenden Spruch vor:

Im Karton von Frau Meier sieht man 10 bunte Eier.
Wenn sie kocht und bäckt, sind gleich ein paar weg.
Beim Eierzählen kann man sehen, welche Eier ihr nun fehlen!

Haben die Kinder richtig gezählt? Lüften Sie das Tuch. Anschließend wird der Eierkarton wieder aufgefüllt und eines der Kinder kann beliebig viele Eier entfernen, sodass das Spiel von Neuem beginnt.

Förderziele: simultanes Mengenerfassen • erste Additionsaufgaben lösen

Fruchtige Mengenerlebnisse

Gruppe
Teilgruppe
Alter
3 bis 6 Jahre

Mathematik braucht man überall, auch beim Zubereiten von Speisen. Bei diesem Mengen-Impulsspiel kommt auch der Geschmackssinn garantiert nicht zu kurz!

MATERIAL

Holzspieße • verschiedene Obstsorten (Bananen, Äpfel, Weintrauben, Kiwi etc.) • Zettel • Stift • Schneidebrett • Messer

DURCHFÜHRUNG

Diese Obstspieße sind nicht einfach irgendwie gesteckt, sondern nach genauen Mengenvorgaben gearbeitet. Zur Vorbereitung malen die Kinder kleine Rezeptzettel, auf die sie die Obstsorten aufmalen, die sie sich am Fruchtspieß wünschen. Beispielsweise einen Apfel, eine Banane und eine Weintraube. Anschließend schreiben sie neben die Obstzeichnungen eine gewünschte Zahl auf, die die Menge der Obststücke anzeigt, z. B. zwei Weintrauben, vier Apfelstücke, sechs Bananenstücke. Als Nächstes wird das Obst mit dem Messer in kleine Stücke geschnitten. Bei diesem Arbeitsschritt werden die Kinder natürlich von Ihnen begleitet. Danach bestücken sie einen Holzspieß genau nach den aufgeschriebenen Mengenvorgaben mit dem gewünschten Obst. Bestimmt entstehen dabei spannende Fruchtvariationen, die Mathematik wahrhaft schmackhaft machen.

VARIANTE

Wenn Sie den Schwierigkeitsgrad erhöhen möchten, können die Kinder ihr „Rezept" auch aufmalen und tauschen dieses dann mit einem anderen Kind. Dieses soll das Obst dann nicht nur in der gemalten Menge, sondern auch in der vorgegebenen Reihenfolge stecken.

WEITERFÜHRENDES SPIEL

Passend zum Obstthema bietet sich folgendes Kreisspiel an, bei dem ein hohes Maß an Konzentration gefragt ist: Die Kinder sitzen im Kreis und beginnen nun nach einer bestimmten Abfolge vier Obstsorten zu nennen, z. B. Banane, Apfel, Birne und Weintraube. Nach einer gewissen Zeit bitten Sie ein Kind, eine weitere Obstsorte hinzuzufügen. Das können Sie so lange fortsetzen, bis es zu viele Obstsorten werden oder die Kinder das Interesse verlieren.

Förderziele: Mengenangaben erkennen und darstellen

Sparbüchsenrundgang

Hier raschelt es in der Büchse! Doch wie viel Geld ist tatsächlich in der Spardose? Bei diesem Spiel braucht man ein flinkes rechnerisches Geschick und/oder die Fähigkeit, eine Menge simultan zu erfassen.

Gruppe
Teil- oder Gesamtgruppe
Alter
4 bis 6 Jahre

MATERIAL

eine Spardose • 1- und 2-Euro-Münzen

DURCHFÜHRUNG

Dieses Spiel bringt Spannung und beim Münzenschütteln auch eine gewisse Lautstärke mit sich. Betrachten Sie vorab mit den Kindern die Geldstücke genauer und fragen Sie sie, ob Sie den Sinn einer Spardose bzw. des Sparens schon erkennen. Vielleicht haben die Kinder ja auch schon eigene Spardosen?

Anschließend wirft ein Kind, unbeobachtet von den anderen Kindern, beliebig viele Münzen in die Spardose. Dieses Kind nimmt beim Raten natürlich nicht teil. Zu folgendem Spruch wird die Spardose mit lautem Geraschel von einem Kind zum anderen im Kreis weitergereicht. Endet der Spruch, wird die Büchse nicht mehr weitergereicht und von jenem Kind, das die Spardose gerade in den Händen hält, in der Kreismitte ausgeleert. Nun müssen die Kinder blitzschnell erraten, welchen Wert die Münzen haben, die am Boden liegen.

Wer kann die Rechenaufgabe blitzschnell lösen und das Ergebnis kundtun? Wer es zuerst richtig errät, darf das Spiel erneut beginnen und beliebig viele Münzen einwerfen. Unterstützen Sie die Kinder ggf. beim Abzählen.

Raschel, raschel, rumm, hier geht die Büchse um.
Raschel, raschel, tschinn, wie viel Geld ist da drin?
Die Büchse bleibt stehn, nun können wir es sehn!

Förderziele: **Mengen erkennen und benennen • erste Additionsaufgaben lösen**

Kreis, Dreieck, Viereck, Trapez – Der Geometrie ganzheitlich auf der Spur

Welche Form macht das Viereck oder das Dreieck aus? Wie erkennt und unterschiedet man die geometrischen Formen voneinander? Mit einfachen, aber spannenden Spielen kann man den Kindern die Geheimnisse der Geometrie näherbringen. Wer hätte gedacht, dass das auch mit Hammer und Nagel oder mit einem kleinen Stück Knete ganz wunderbar funktioniert? Die Kreativität ist grenzenlos, auch oder gerade dann, wenn man sich dabei mit der Geometrie befasst.

Formensuche

Kreise, ein Viereck und sogar die Trapezform – ein Spielzeugauto verbirgt viele geometrische Formen. Ganz gleich, wohin wir auch gucken, überall gibt es Geometrie zu entdecken. Man muss nur genau hinsehen!

Gruppe
Teilgruppe
Alter
4 bis 6 Jahre

MATERIAL

Spielzeug oder Alltagsgegenstände • Tuch/Decke

DURCHFÜHRUNG

Hier ist ein ganz genauer Blick gefragt: Bitten Sie die Kinder, quer durch den Gruppenraum zu gehen und verschiedene Spiel- und Alltagsmaterialien zu sammeln. Diese werden dann auf ein Tuch oder eine Decke in der Kreismitte gelegt. Sehen Sie sich anschließend gemeinsam mit den Kindern die Gegenstände an. Welche Form haben sie? Gibt es vielleicht in manchen Gegenständen verschiedene Formen und können die Kinder diese bereits benennen? Welcher der gesammelten Gegenstände verfügt über die meisten Formen? – Eine spannende geometrische Suche ist bei diesem Spiel garantiert.

TIPP Die Formensuche lässt sich auch bei einem Spaziergang fortsetzen, bei dem die Kinder beispielsweise ein Hausdach betrachten und sich dort auf die Suche nach dem Dreieck begeben.

VARIANTE

Haben die Kinder mehrere Gegenstände gesammelt und auf ihre geometrischen Merkmale hin angesehen, können sie auch versuchen, gemeinsame Merkmale zu finden und die Gegenstände danach zu sortieren und zu klassifizieren. So werden z. B. alle Gegenstände, die etwas Rundes aufweisen, in eine Reihe gelegt, oder alle Gegenstände, die die gleiche(n) Farbe(n) haben, zusammengestellt usw.

Förderziele: **geometrische Formen erkennen und benennen • visuelle Wahrnehmung**

Gruppe
Kleingruppe
Alter
4 bis 6 Jahre

Geometrische Kreativität

Mit Geometrie kann man ganz wunderbar kreativ sein. Man braucht dafür nur etwas Fantasie und schon lassen sich interessante Bilder gestalten.

MATERIAL

festen Karton • weißes Papier • Filz- oder Buntstifte

DURCHFÜHRUNG

Stellen Sie gemeinsam mit den Kindern aus festem Karton unterschiedlich große geometrische Schablonen her, etwa Dreiecke, Kreise, Trapeze, Vielecke, Ellipsen, Rechtecke und Quadrate. Achten Sie darauf, dass die jeweiligen Formen in verschiedenen Größen vorliegen.
Stellen Sie den Kindern nun weißes Papier in unterschiedlichen Größen zur Verfügung sowie Filz- oder Buntstifte. Mithilfe der geometrischen Schablonen malen die Kinder jetzt zusammengesetzte Muster auf das Papier. Der Kreativität sind dabei keine Grenzen gesetzt. Die Kinder können Häuser oder Wälder malen oder auch einfach nur Fantasiebilder. So entstehen letztendlich viele bunte, geometrische Musterbilder mit abstrakten oder konkreten Mustern.

TIPP Wenn die Kinder anfangs keine Ideen haben, was sie aus den geometrischen Schablonen gestalten könnten, veranstalten Sie mit den Kindern eine Ideen-Sammelrunde. Bestimmt beflügelt das die Fantasie und Kreativität der Kinder.

VARIATIONEN

Mit den Formenschablonen lässt sich auch wunderbar ein kleines Spiel spielen: Ein Spielpartner sagt dem anderen Kind, was dieses zeichnen soll, z. B. „Male ein kleines Dreieck, einen großen Kreis und ein großes Rechteck".
Auch in diversen Katalogen können sich Kinder auf Formensuche begeben und diese ausschneiden und auf einem Plakat aufkleben.

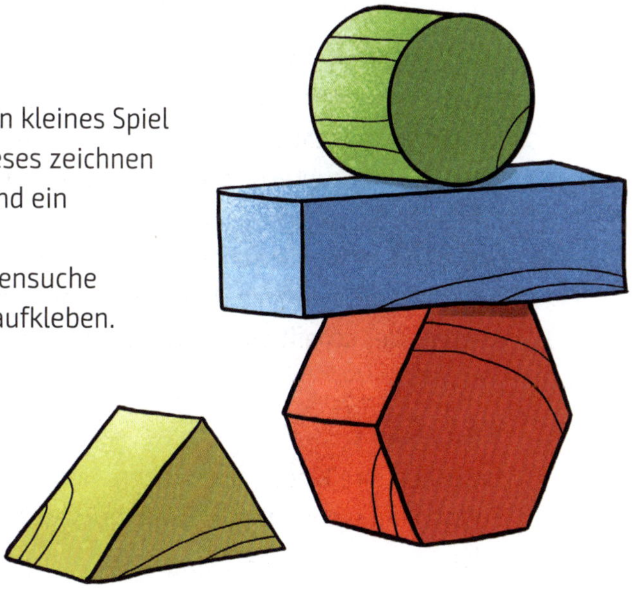

Förderziele: **grafomotorisches Geschick • Formen erkennen und benennen**

Auf die Knete, fertig, los!

Gruppe
Kleingruppe
Alter
5 bis 6 Jahre

Auf die Knete, fertig, los! Hier wird geknetet, aber nicht einfach nur irgendwie. Lassen Sie mit den Kindern blitzschnell geometrische Formen aus Knete entstehen.

MATERIAL

Knete • einzelne Kärtchen mit verschiedenen geometrischen Formen

DURCHFÜHRUNG

Legen Sie ausreichend Knete (gekaufte oder selbst gemachte) auf einem Tisch bereit und verteilen Sie sie gerecht an die Kinder. Nun zeigen Sie den Kindern die Kärtchen mit den geometrischen Formen und besprechen diese. Welche Formen kennen die Kinder? Können sie alle benennen und erkennen?

Und dann geht auch schon das Wettkneten los. Dafür halten Sie immer ein Kärtchen mit einer geometrischen Form in die Höhe. Die Kinder versuchen nun blitzschnell, die gewünschte Form nachzukneten. Wer schafft es als Erstes? Anschließend geht es an die nächste Form.

VARIANTE

Brauchen Ihre Kinder eine weitere Herausforderung? Gestalten Sie auch Kärtchen mit mehreren Formen auf einer Karte, z. B. ein grünes Dreieck auf einem blauen Rechteck (je nach Knetfarben) oder Ähnliches.

Förderziele: geometrische Formen erkennen und nachbilden • Feinmotorik

Gefühlte Formen

Gruppe
Kleingruppe
Alter
4 bis 6 Jahre

Geometrische Formen haben ihre Besonderheiten und Merkmale, an denen man sie erkennen und zuordnen kann. Das folgende Spiel soll die Kinder dazu animieren, die Formen über das Betasten zu erkennen.

MATERIAL

geometrische Formen (z. B. Holzbausteine oder -puzzles aus hartem Karton) – je in doppelter Ausführung • Schuhkarton • Tuch

DURCHFÜHRUNG

Stellen Sie die Holzbausteine, -puzzles oder geometrischen Formen aus Karton bereit. Wichtig ist, dass die Formen in doppelter Ausführung zur Verfügung stehen oder hergestellt werden. Ein Satz der Formen wird in einen Schuhkarton gelegt, den Sie im Anschluss mit einem Stofftuch abdecken, damit die Kinder nicht hineinsehen können. Der zweite Satz der geometrischen Formen wird neben den Karton gelegt.

Nun kann das Spiel beginnen: Die Kinder finden sich zu Paaren zusammen. Ein Kind schlägt eine Form vor, z. B. ein Dreieck, die das andere Kind im Fühlkarton ertasten soll. Anhand der geometrischen Formen, die sichtbar neben dem Karton liegen, kann das Kind nachsehen, wie das Dreieck aussieht, und kann diese Form anschließend ertasten. Hat das Kind das passende Paar gefunden, wird dieses aus dem Karton genommen und der Spielpartner darf das Spiel fortsetzen.

TIPP Wenn Sie das Spiel schwieriger gestalten möchten, befindet sich neben dem zugedeckten Karton kein zweiter Formensatz. Die Kinder müssen die Formen dann nur mithilfe einer Beschreibung suchen, z. B. „Die Form hat drei Ecken und drei Seiten".

Förderziele: **geometrische Formen erkennen und benennen • Feinmotorik**

Geometrie-Sudoku

Das Sudoku-Spiel ist ein beliebtes Spiel, auch schon bei Kindern. Es muss auch nicht immer das klassische Zahlensudoku sein. Vielleicht haben die Kinder ja Lust, geometrische Formen einzubauen?

Gruppe
Kleingruppe
Alter
4 bis 6 Jahre

MATERIAL

DIN-A4-Papier • Bleistift • bunten Tonkarton in drei verschiedenen Farben • Schere

DURCHFÜHRUNG

Zeichnen Sie ein Raster mit drei mal drei Feldern auf ein Blatt Papier und kopieren Sie dieses für jedes mitspielende Kind. Nun malen die Kinder jeweils drei geometrische Formen auf die drei verschiedenen farbigen Tonkartons auf, z. B. Dreiecke, Vierecke und Kreise in Rot, Blau und Grün.
Nun werden je ein Dreieck, ein Viereck und ein Kreis in unterschiedlicher Farbe in die erste Zeile des Rasters gelegt. Die Kinder bekommen jetzt als Aufgabe gestellt, das Raster fertigzulegen, indem sie die restlichen geometrischen Formen richtig auflegen. Aber Achtung: Farben und Formen dürfen nicht neben- oder untereinander doppelt vorkommen.

VARIATION

Wenn Sie möchten, können Sie aus dem Raster auch ein Koordinatensystem mit Zahlen und Buchstaben gestalten. Die Kinder haben dann die Aufgabe, ihre geometrischen Figuren auf das vorgegebene Feld der gewünschten Koordinaten zu legen. Zum Beispiel kann der Arbeitsauftrag wie folgt lauten: „Lege das blaue Dreieck auf das Feld, an dem die Koordinaten A und 2 zusammentreffen."
Damit der Spielablauf gelingt, muss im Vorfeld selbstverständlich die Koordinatensuche genau erklärt werden.

Förderziele: **logisches Denken • Raum-Lage-Positionen und geometrische Formen erkennen**

Formen-Nagelbilder

Gruppe
Kleingruppe
Alter
5 bis 6 Jahre

Hier wird gehämmert! Doch nicht irgendwie: Als Vorlage dienen geometrische Muster, die es handwerklich zu bearbeiten gilt.

MATERIAL

Holzbretter, ca. 20 × 20 cm groß und 2 cm dick • Nägel • Hammer • bunte Wollknäuel • geometrische Formen aus starkem Karton • Bleistift

DURCHFÜHRUNG

Für dieses Kreativangebot braucht man ein klein wenig handwerkliches Geschick und ein Holzbrett in den oben aufgeführten Maßen. Stellen Sie sicher, dass alle teilnehmenden Kinder den Umgang mit Hammer und Nägeln kennen.

Die Kinder überlegen nun gemeinsam, welche geometrische Form sie gerne auf dem Brett aufzeichnen möchten. Als Hilfestellung nehmen die Kinder eine Schablone und einen Bleistift zur Hand, mit dem sie die gewünschte Form auf dem Holzbrett abbilden. Als Nächstes nehmen die Kinder Nägel und einen Hammer und schlagen im Abstand von etwa 3 cm entlang der aufgemalten Linien je einen Nagel auf dem Brett ein. Bei diesem Arbeitsschritt sollten Sie die Kinder, wenn nötig, unterstützen, damit es keine Verletzungen gibt.

Zuletzt werden die Nägel mit einer bunten Wollschnur miteinander verbunden und die Kinder können die geometrische Form wunderbar erkennen.

VARIATION

Möchte man sich bei seinem Nagelbrettspiel nicht nur auf eine Form konzentrieren, kann alternativ dazu auch ein Geo-Brett hergestellt werden. Dafür werden Nägel längs- und querseitig im Abstand von 1 cm zueinander eingeschlagen, bis das Brett an der Oberseite vollständig mit Nägeln bestückt ist. Auf diesem Geo-Brett können die Kinder anschließend mit Wolle unterschiedliche geometrische Formen spannen. Anstelle von Wollschnüren können auch Gummibänder verwendet werden. Wer nach einer besonderen Herausforderung für die Kinder sucht, gestaltet Schablonen mit geometrischen Mustern.

Förderziele: geometrische Formen genauer kennenlernen • Feinmotorik

Geometrische Türme

Diese Geometrie wächst wortwörtlich in die Höhe, denn hier ist Baugeschick gefragt. Im Nu entstehen Türme, deren einzelne Bestandteile von den kleinen Baumeistern genau benannt werden können.

Gruppe
Kleingruppe
Alter
4 bis 6 Jahre

MATERIAL

geometrische Holzbausteine

DURCHFÜHRUNG

Stellen Sie die Holzbausteine bereit und bitten Sie die Kinder, sich zu zweit (oder falls gewünscht in kleinen Gruppen) zusammenzufinden. Besprechen Sie mit den Kindern, wie die einzelnen Formen der Bausteine heißen, etwa Zylinder, Würfel, Pyramide oder Quader. Alternativ lassen sich die Steine natürlich auch als Dreieck, Rechteck etc. benennen.
Ein Kind ist der Bauhandwerker und das andere Kind schlüpft in die Rolle des Architekten. Der Architekt gibt die Anweisungen und sagt, aus welchen geometrischen Bausteinen der Turm gebaut werden soll. Nachdem der Bauhandwerker die benannten Steine zusammengesucht hat, gibt der Architekt die Reihenfolge vor, in der die Steine aufeinandergesetzt werden sollen.
Wie hoch wird der Turm und hält er den statischen Anforderungen stand? Gibt es Schwierigkeiten beim Bau, z. B. wenn die Kinder versuchen, eine Pyramide unten im Turm unterzubringen?

Förderziele: **Feinmotorik • geometrische Formen erkennen und benennen**

Zweimal hüpfen, zehnmal stampfen – Mathematik in bewegten Spielen

Werden bei der Auseinandersetzung mit Mathematik der ganze Körper und die Sinne aktiviert, hinterlässt es bleibende Eindrücke, über die die Kinder ganzheitlich mathematisches Verständnis erlangen. Ist man beim Hören der Zahl 3 über drei Sprossen einer Sprossenleiter geklettert, wird die Menge deutlicher verstanden. Bekommen die Kinder die Gelegenheit, in die Ecken des Rechtecks zu hüpfen, lassen sich dessen vier Ecken spannend und ganzheitlich erkunden. Bewegung ist das Tor zum Lernen!

Zahlenpaare bilden

Ich bin die 2 und wer bist du? Hier finden die gleichen Zahlen flink zusammen und bilden Zahlenpaare.

Gruppe
Teilgruppe
Alter
4 bis 6 Jahre

MATERIAL

Fotokartonkreise (Durchmesser ca. 5 cm) • Wollschnur • Filzstifte • Handtrommel

DURCHFÜHRUNG

Wie sieht die Schreibweise der einzelnen Zahlen aus und welche Zahlen sind doppelt?
Für den spannenden Zahlenlauf stellen Sie gemeinsam mit den Kindern so viele Zahlenketten her, wie Kinder teilnehmen. Dafür benötigt man Fotokartonkreise sowie eine Wollschnur und Filzstifte. Nun werden die Zahlen von 1 bis 10 (oder auch darüber hinaus) von den Kindern mit Ihrer Unterstützung auf die Vorderseite der Fotokartonkreise geschrieben. Von jeder Zahl muss es eine zweite, also ein Paar geben. Als Nächstes wird am oberen Rand des Fotokartonkreises mit einem Locher ein Loch gestanzt und eine Wollschnur (ca. 20 cm lang) durchgefädelt und die Enden miteinander verknotet. Schon sind die Zahlenketten hergestellt.

Der lustige Zahlenpaarlauf findet am besten im Bewegungsraum oder im Garten statt. Bei diesem Spiel sollten möglichst viele Kinder teilnehmen, damit es spannend bleibt. Wichtig ist auch eine gerade Spieleranzahl. Die Kinder hängen sich die Ketten um den Hals und laufen beim Trommelschlag durch den Bewegungsraum oder Garten. Stoppt die Trommel, müssen die Kinder blitzschnell ihren Zahlenpartner finden. Damit es spannend bleibt, werden die Zahlenketten unter den Kindern auch mal getauscht.

VARIATION

Natürlich können die Kinder auch andere Bewegungsmuster anstelle des Laufens einfließen lassen, wie bspw. Hüpfen, Galoppieren etc.
Eine zusätzliche Erschwernis wäre es auch, zusammengesetzte Zahlenpaare aus mehrstelligen Zahlen zu bilden, z. B. müssen sich bei der Zahl „23" zwei Kinder finden, die eine 2 und eine 3 haben, und im Anschluss richtig nebeneinander aufstellen.

Förderziele: Zahlen erkennen und benennen • Sprache in Bewegung umsetzen

Dunkle Zahlenexpedition

Gruppe
Klein- oder Teilgruppe
Alter
4 bis 6 Jahre

Zahlen entdecken kann jeder. Doch kann man die Zahlen auch bei Dunkelheit finden und richtig benennen? Dafür braucht man einen sehr scharfen Sehsinn und natürlich eine Taschenlampe.

MATERIAL

2 Taschenlampen • weißes Papier • Leuchtstifte

DURCHFÜHRUNG

Für diese spannende Mission im Dunklen gestalten Sie vorab gemeinsam mit den Kindern die leuchtenden Zahlenkärtchen.
Dafür schreiben die Kinder beliebige Zahlen mit Leuchtstiften auf weiße Papierkärtchen und legen diese im Anschluss in einem abgedunkelten Raum (am besten im Bewegungsraum) auf den Boden. Verteilen Sie anschließend zwei Taschenlampen an zwei Kinder und flüstern ihnen eine Zahl ins Ohr. Die Kinder machen sich mit der Taschenlampe auf die Suche nach dem gewünschten Zahlenkärtchen. Dabei leuchten sie mit der Lampe jede Stelle am Boden des Raumes aus, bis sie das richtige Kärtchen gefunden haben. Wurden die Kinder fündig, sprechen sie die Zahl laut aus und geben die Taschenlampen an zwei andere Kinder weiter. Dann beginnt das Spiel von Neuem.

VARIANTE

Hat man zu den Zahlenkärtchen auch Mengenkärtchen zur Verfügung, können sich die Kinder im abgedunkelten Raum auf Paarsuche (nämlich die passende Menge zur richtigen Zahl) begeben. Ebenso können Sie kleine Additionsaufgaben aufschreiben und die Kinder suchen nach dem Ergebnis im dunklen Raum. Der Kreativität und dem Schwierigkeitsgrad sind bei dieser mathematischen Dunkel-Expedition keine Grenzen gesetzt.

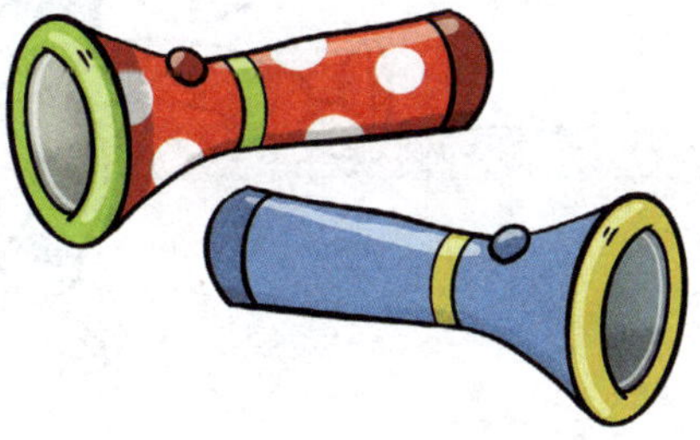

Förderziele: visuelle Wahrnehmung • Zahlen erkennen und benennen

Bewegte Geometrie

Um Formen richtig kennenzulernen, reicht es nicht aus, diese nur zu sehen. Wenn Kinder diese mit ihrem ganzen Körper erleben, dann können sie diese Erfahrungen intensiver verinnerlichen.

Gruppe
Teil- oder Gesamtgruppe
Alter
3 bis 6 Jahre

MATERIAL

Malerkreppband • Schere • Handtrommel

DURCHFÜHRUNG

Geometrische Formen, soweit das Auge reicht! Damit die Kinder die Formen ganzheitlich kennenlernen können, kleben Sie gemeinsam mit den Kindern mithilfe eines Malerkreppbandes die gewünschten Formen großflächig auf den Boden des Bewegungsraumes, z. B. ein Rechteck, einen Kreis, ein Dreieck, ein Trapez.
Danach spielen Sie einen Takt auf der Handtrommel und die Kinder laufen (oder gehen) zwischen den Formen im Raum herum. Stoppt das Trommeln, sagen Sie beispielsweise „Alle Kinder hüpfen entlang der Seiten des Dreiecks mit beiden Beinen" oder „Alle Kinder kriechen entlang der Seiten des Rechtecks auf allen Vieren".
Wenn Sie möchten, können Sie das Spiel auch gezielt erweitern und Präpositionen einbauen, wenn die Kinder eine Aufgabenstellung bekommen. So können sie sich z. B. in oder neben das Rechteck stellen.
Die Bewegungsmuster sollten bei dieser Aktion bunt und vielfältig ausfallen. Bestimmt macht es den Kindern Spaß, die geometrischen Formen mit dem ganzen Körper zu erkunden.

Förderziele: **Sprache in Bewegung umsetzen • geometrische Formen erkennen und benennen**

Diese Zahl muss raus!

Gruppe
Teilgruppe
Alter
4 bis 6 Jahre

Das Spiel „Reise nach Jerusalem" ist vielen Kindern bekannt. Dieses Stuhlspiel basiert auf ähnlichen Regeln, allerdings kommen hier noch Zahlen ins Spiel.

MATERIAL

einen Stuhl pro Kind • Malpapier oder Tonkarton • Filzstifte • Klebeband • CD-Player

DURCHFÜHRUNG

Dieses Kreisspiel sorgt für jede Menge Spaß und Spannung! Stellen Sie zunächst gemeinsam mit den Kindern Stühle in der Gruppenstärke so im Kreis auf, dass die Sitzflächen nach außen zeigen. Aus kleinen Zetteln gestalten die Kinder mit Ihrer Unterstützung Zahlenkärtchen mit beliebigen Ziffern. Jeder Sitzplatz wird mit einem Kärtchen beklebt, das mit Klebeband auf der Sitzfläche des Sessels angebracht wird.

Nun kann das Spiel losgehen: Schalten Sie den CD-Player ein. Die Kinder gehen vor den Sesseln im Kreis herum. Stoppt die Musik, sagen Sie folgenden Spruch: „Flitze, flitze, Maus, die Zahl ... (beliebige Zahl) muss raus!"

Nun müssen die Kinder versuchen, sich rasch auf einen Stuhl zu setzen, dessen Zahl soeben nicht genannt wurde. Sitzt ein Kind auf dem besagten Stuhl mit der genannten Zahl, scheidet es aus und der Stuhl wird entfernt. Auf diese Weise wird das Spiel fortgesetzt, bis ein Kind als Sieger übrigbleibt.

Förderziele: **Abzählen in der richtigen Zahlenfolge • Reaktionsvermögen**

Wo ist das Dreieck?

Präpositionen helfen uns dabei, die Lage von Dingen genau zu bestimmen. Bei diesem Spiel wechseln die geometrischen Formen beliebig oft den Platz. Wo stecken sie jetzt bloß?

Gruppe
Klein- oder Teilgruppe
Alter
4 bis 6 Jahre

MATERIAL

bunten Fotokarton in mehreren Farben • Schere

DURCHFÜHRUNG

Schneiden Sie vorab mit den Kindern aus buntem Fotokarton beliebige geometrische Formen aus. Je bunter und vielfältiger die Auswahl ist, desto besser.
Anschließend wird das Raum-Lage-Spiel gespielt. Dieses kann sowohl drinnen als auch draußen durchgeführt werden.
Die Kinder finden sich zu zweit zusammen. Das eine Kind sagt dem anderen Spielpartner an, welche Figur es wo platzieren soll, z. B. „Lege das rote Dreieck auf den Stuhl" oder „Platziere das blaue Rechteck unter dem Tisch".
Auf diese Weise lernen die Kinder nicht nur die Namen der geometrischen Formen genauer kennen, sondern schulen auch ihre Raum-Lage-Wahrnehmung. Wurden viele Formen verteilt, können diese mit konkreten Ansagen wieder eingesammelt werden. An dieser Stelle können die Spielpartner ihre Rollen tauschen.

TIPP Möchten Sie das Spiel schwieriger gestalten, können Sie auch mehrere unterschiedliche Formen auf einmal ansagen und die Kinder müssen sich die Formen und ihre Positionen merken, z. B. „Das Dreieck kommt auf den Tisch, das Rechteck unter den Stuhl und das Trapez neben das Bücherregal".

Förderziele: Raum-Lage-Beziehungen • geometrische Formen erkennen und benennen

Achtung, die 7!

Gruppe
Gesamtgruppe
Alter
3 bis 6 Jahre

1, 2, 3, 4 – wir sind hier! Doch bei der 7 muss man gut aufpassen: Wenn der Abzählvers bei der Zahl 7 bei einem Kind stoppt, dann muss es blitzschnell flüchten, um nicht gefangen zu werden!

DURCHFÜHRUNG

Diesem Fangspiel eilt ein lustiger Auszählvers voraus, der für jede Menge Spannung sorgt. Er beinhaltet die magische Zahl 7, die bei diesem Spiel als Signalzahl gilt. Die Kinder sprechen den Auszählreim gemeinsam mit Ihnen. Stoppt der Reim bei der Zahl 7 bei einem Kind, muss dieses blitzschnell davonlaufen, da die anderen Kinder versuchen, es zu fangen. Wurde das Kind gefangen, darf der Fänger den Auszählvers erneut sprechen.

1, 2, 3 und 4 – alle sind heut hier.

Ein Kind spricht den Abzählvers und zeigt bei jeder Silbe auf ein anderes Kind.
Bei 7 stoppt das Abzählen und das Lauf- und Fangspiel beginnt.

5, 6 und 7 – dich woll'n wir kriegen!

TIPP Sprechen Sie zu Beginn den Abzählvers mit und begleiten Sie das Auszählen, bis die Kinder gut damit vertraut sind.

Förderziele: **Bewegung umsetzen • Motorik • abzählen in der richtigen Zahlenfolge**

Die Zahlenbombe tickt

Achtung, die Zeitbombe tickt! Bei diesem Reaktionsspiel vereinen die Kinder mehrere Kompetenzen wie Zahlenkenntnis, motorisches Geschick und Konzentration.

Gruppe
Teilgruppe (bis max. 6 Kinder)
Alter
4 bis 6 Jahre

MATERIAL

Tonkarton oder Malpapier • Filzstifte • Matte, Reifen, Langbank, Sprossenleiter, Seil und/oder andere Turnmaterialien, die zur Verfügung stehen • eine Handtrommel mit Schlägel • eine Triangel

DURCHFÜHRUNG

Gemeinsam mit den Kindern werden im Bewegungsraum mehrere Turnmaterialien aufgestellt, z. B. Matten, eine Langbank, Sprossenwand, Gymnastikreifen etc. Letztendlich sollten zehn unterschiedliche Stationen bereitstehen.
Die Kinder schreiben die Zahlen von 1 bis 10 auf Tonkarton auf. Die Zahlenkärtchen werden an den Stationen verteilt und zum besseren Halt mit Klebeband fixiert. Besprechen Sie die unterschiedlichen Stationen und die jeweiligen Aufgabenstellungen mit den Kindern, z. B. über die Langbank balancieren.
Ist alles vorbereitet, kann das Spiel beginnen: Die Kinder sitzen im Kreis. Ein Kind setzt sich in die Mitte und schlüpft in die Rolle der tickenden Zeitbombe und spielt auf der Trommel. Das Kind spielt dabei beliebig viele Trommelschläge von 1 bis 10. Die anderen Kinder konzentrieren sich auf die Anzahl der Trommelschläge und zählen stumm mit. Stoppt das Trommelspiel, hebt das Kind den Schlägel hoch in die Luft, um den Start zu symbolisieren. Je nachdem, wie viele Trommelschläge vorgegeben wurden, bewegen sich die Kinder zu der gewünschten Station. Bei sieben Trommelschlägen müssen die Kinder die Station mit der Zahl 7 auffinden und stellen sich beispielsweise in den Reifen.
Haben alle richtig gezählt? Nachdem die Kinder die Aktion durchgeführt haben, geht es zurück in den Kreis und ein anderes Kind übernimmt die Rolle der „Zeitbombe".

Förderziele: Zahlen und Mengen erkennen und benennen • Motorik • Reaktionsfähigkeit

1, 2, 3, wir sind mit dabei! – Mathematik in Reimen erleben

Diese Reime motivieren zum Mitmachen, Mitdenken, Mitrechnen und vor allem zum Spaßhaben! Die gereimten Worte beinhalten so manches mathematische Rätsel, dem die Kinder gewiss sofort auf der Spur sein werden. Ganz gleich, ob beim spannenden Rechenhut, beim Teilen der langen Schlangen oder beim Zahlenfingerspiel – die Reime werden den Kindern nicht nur Spaß bereiten, sondern laden auch zu mathematischen Handlungen ein. So macht die Auseinandersetzung mit Zahlen, Mengen und der Geometrie so richtig Freude!

Ene, mene, meins, am Anfang steht die 1

Gruppe
Gesamtgruppe
Alter
3 bis 6 Jahre

Zippel, zappel hin und her – Zahlen nennen ist nicht schwer! Bei diesem Fingerspiel wird nicht nur mit den Fingern gezappelt, sondern auch spielerisch die Zahlenabfolge von 1 bis 10 verinnerlicht.

DURCHFÜHRUNG

Passend zum Fingerspiel stellen die Kinder nach der Reihe ihre Finger auf. An der Stelle „Auf Wiedersehen!" wird beidhändig gewunken.

Ene, mene, meins, am Anfang steht die EINS.
Dann kommt auch schon herbei, die elegante ZWEI.
Es ist noch nicht vorbei, denn jetzt kommt erst die DREI.
Drei Finger stehen hier, dann folgt auch schon die VIER.
Die FÜNF, die wartet auch, dann stellen wir sie auf.
Zippel, zappel, Hex, drauf folgt schnell die SECHS.
Den nächsten woll'n wir kriegen, man nennt ihn dann die SIEBEN.
Das haben wir ganz toll gemacht, drum folgt nun auch die ACHT.
Die NEUN ist auch schon da, jetzt rufen wir „Hurra!".
Und plötzlich kann man seh'n, jetzt stehen alle ZEHN.
Die Finger eins bis zehn – ganz toll, auf Wiedersehn!

Förderziele: **Zahlen von 1 bis 10 festigen • Feinmotorik • Zahlen und Mengen zuordnen**

Der schlaue Rechenhut

Gruppe
Kleingruppe
Alter
5 bis 6 Jahre

Dieser Hut steht jedem gut. Aber besonders gut steht der Hut schlauen Köpfchen, die erste Rechenaufgaben lösen möchten.

MATERIAL

Hut • Zettel • Stift • Klebeband

DURCHFÜHRUNG

Dieser Hut ist auch fürs Rechnen richtig gut! Damit Additions- und Subtraktionsaufgaben gelöst werden können, schreiben die Kinder mit Ihrer Unterstützung einfache Rechenaufgaben (ohne Lösung) auf ein Kärtchen. Mit doppelseitigem Klebeband wird nun eine Aufgabe an der Außenseite eines Hutes fixiert. Des Weiteren werden Kärtchen mit den Lösungen gestaltet. Je nach Rechenaufgabe kleben Sie das entsprechende Lösungskärtchen auf die Hutinnenseite. Allerdings sollten die Kinder das Kärtchen vorerst nicht sehen. Hat ein Kind einen Lösungsvorschlag für eine Aufgabe, nimmt es passend zum Spruch den Hut, sagt sein Rechenergebnis laut den anderen und guckt dann nach dem Ergebnis auf der Hutinnenseite. Stimmt dieses überein, dann darf es den Rechenhut aufsetzen. Anschließend wird ein nächstes Rechen- und Lösungskärtchen von der Erzieherin am Hut befestigt und das Spiel geht weiter.

Dieser Rechenhut,
der steht allen gut.
Wer die Rechnung kann,
zieht ihn sich gleich an.
Rechne ganz genau,
sicher bist du schlau!
Dreh dann um den Hut,
steht er dir nun gut?

TIPP Sind die Kinder mit den Zahlen noch nicht so gut vertraut, können Rechenaufgaben auch mit Mengenpunkten erstellt werden. Wer eine Tafelfolie zur Verfügung hat, kann Kärtchen aus Tafelfolie gestalten, die Rechenaufgaben mit Kreide aufschreiben und im Anschluss wieder mit einem Tuch weglöschen.

Förderziele: **erste Rechenaufgaben lösen • Zahlen erkennen und benennen**

Zahlenroulette

Diese Kugel rollt im Kreis und bleibt letztendlich bei einer Zahl liegen – doch bei welcher?! Hier ist Spannung vorprogrammiert und das Mitfiebern ist bei den Kindern garantiert.

Gruppe
Teilgruppe
Alter
4 bis 6 Jahre

MATERIAL

einen kleinen Ball oder eine Holz- bzw. Tonkugel • Tonkarton • Filzstifte • 2 Holzreifen

DURCHFÜHRUNG

Was rollt denn hier im Kreis und wo kommt die Kugel zum Stillstand? Dieses Zahlenspiel ist nicht langweilig und die Materialien sind flink vorbereitet.
Dafür gestalten die Kinder mit Ihrer Hilfe aus dem Tonkarton Zahlenkärtchen. Die Kärtchen werden an der Innenseite zweier übereinandergelegter und mit Klebeband fixierter Gymnastikreifen mit etwas Abstand zueinander rundherum aufgelegt. Ebenso wird ein kleiner Ball oder eine Kugel bereitgelegt. Schon kann das Spiel beginnen!
Die Kinder nehmen rund um den Reifen Platz. Ein Kind tippt auf ein Zahlenkärtchen, von dem es vermutet, dass der Ball oder die Kugel genau dort zum Stillstand kommt. Nun wird der Ball an die Innenseite des Reifens gelegt und von einem Kind mit Gefühl angestoßen, sodass er zum Rollen kommt. Bei welchem Zahlenkärtchen wird der Ball/die Kugel wohl liegen bleiben? Hat das Kind richtig geraten, darf das Zahlenkärtchen weggenommen werden. Anschließend ist das nächste Kind dran. Wer am Schluss die meisten Kärtchen gesammelt hat, ist der Sieger.
Beim Ballrollen wird folgender Spruch gesprochen:

Der Ball/Die Kugel rollt still im Kreise,
ist dabei ganz leise.
Er/Sie hat stets die Wahl,
sucht sich eine Zahl.
Rollt nun immer weiter,
immer still und heiter.
Wir werden dann schon sehen,
wo die Zahl bleibt stehen.

Förderziele: Zahlen kennen und benennen • Feinmotorik

Spinne Sophie spinnt das Netz der Geometrie

Gruppe
Kleingruppe
Alter
4 bis 6 Jahre

Die Spinne Sophie animiert die Kinder dazu, die geometrischen Formen mit viel Spaß selbst zu legen. Der Achtbeiner zeigt den Kindern mit einem heiteren Spruch ganz genau, wie das geht.

MATERIAL

schwarzen Schminkstift • eine Wollschnur für jedes Kind (Länge ca. 30 cm)

DURCHFÜHRUNG

Eine winzig kleine Spinne wird jedem Kind vor dem Spruch mit einem Schminkstift auf den Handrücken gemalt und eine Wollschnur (Länge ca. 30 cm) an die Kinder verteilt.
Sagen Sie das Mitmachgedicht zuerst alleine und dann gemeinsam mit den Kindern auf. Die Kinder legen passend zum Text die jeweiligen geometrischen Formen mit der Wollschnur am Boden nach. Anfangs werden die Kinder gewiss noch Ihre Unterstützung brauchen, je öfter Sie das Gedicht jedoch gemeinsam sprechen, desto sicherer werden die Kinder beim Formenlegen.

SPINNE SOPHIE SPINNT DAS NETZ DER GEOMETRIE

Das hier ist die Spinne Sophie,
im Spinnen ist sie ein Genie!
Sie spinnt ihr Netz nicht nach der Norm,
jedes hat ne andre Form.
Spinnt Sophie ganz leis,
spinnt sie einen Kreis.
Läuft sie hektisch hin und her,
zaubert sie ein Rechteck her.
Springt sie dreimal in das Eck,
entsteht daraus ein Dreieck.
Läuft sie sechsmal hin und her,
spinnt sie schnell ein Sechseck her.
So spinnt sie munter ohne Norm,
jedes Netz aus ner andren Form.

Frau Minus und Herr Plus

Gruppe
Klein- oder Teilgruppe
Alter
5 bis 6 Jahre

Plus und Minus sind mathematische Rechenzeichen, mit denen man immer wieder konfrontiert wird. Doch was bedeuten sie? Dieser Frage sind die Kinder mit folgendem Mitmachspruch auf der Spur.

MATERIAL

zwei Kärtchen in DIN A4 • Zettel • Stift

DURCHFÜHRUNG

Malen Sie vor Beginn ein Plus und ein Minus auf die beiden Kärtchen. Wenn Sie möchten, können Sie diesen Zeichen auch ein Gesicht aufmalen. Bevor der Spruch gesprochen wird, besprechen Sie mit den Kindern die Bedeutung der beiden Rechenzeichen. Haben diese davon schon einmal gehört oder die Zeichen gesehen? Was verbinden die Kinder damit? Was ist damit gemeint? Sprechen Sie anschließend folgenden Spruch mit den Kindern:

Frau Minus und Herr Plus, die rechnen mit Genuss.
Sie sind dabei sehr fair, bei weniger und mehr.
Frau Minus rechnet so:
Vier minus zwei ist zwei. Das ist nicht einerlei!
Frau Minus findets feiner, wenn Zahlen werden kleiner.
Herr Plus, der mag es sehr, wenn Zahlen werden mehr.
Herr Plus, der rechnet so:
Vier plus vier ist acht! So wird das gemacht!
Frau Minus und Herr Plus, die rechnen mit Genuss.
Es fällt ihnen nicht schwer, sie lieben Zahlen sehr.
Fällt auch dir eine Rechnung ein, wo ne Zahl wird groß oder klein?
Mit Frau Minus und Herrn Plus ist das Rechnen ein Genuss!

Nach dem Spruch können die Kinder selbst kleine Plus- und Minus-Rechenaufgaben erstellen. Es ist hilfreich, diese aufzuschreiben und vielleicht mit Glasnuggets als Mengen zu hinterlegen.

Förderziele: mit mathematischen Zeichen vertraut werden • erste Rechenaufgaben lösen

Gruppe
Teilgruppe
Alter
4 bis 6 Jahre

Wo versteckt sich bloß die Maus?

Diese Häuser sehen aber seltsam aus ... So ein Mäusehaus ist eben kein gewöhnliches und hat durchaus mehr Ecken als nur vier. Da kann sich die kleine Maus doch ganz wunderbar verstecken. Finden die Kinder sie?

MATERIAL

bunten Fotokarton • Schere • weißes Papier • Fasermaler

DURCHFÜHRUNG

Diese Maus versteckt sich in einem geometrischen Haus und damit dem kleinen Tier Verstecke zur Verfügung stehen, bereiten Sie zusammen mit den Kindern die Häuser vor.
Dafür falten Sie jeweils ein Fotokartonstück (ca. 10 × 10 cm) in der Mitte und schneiden jeweils ein Dreieck, Vier-, Fünf-, Sechs- und ein Achteck so aus, dass die Faltstelle nicht durchgeschnitten wird.
Ein Kind malt auf einem weißen Papierblatt eine kleine Maus auf, die gut in den Häusern versteckt werden kann.
Legen Sie nun die Häuschen auf dem Tisch so auf, dass diese wie ein Dach stehen. Nun werden die Kinder gefragt, ob sie die Formen in den Dächern vielleicht schon kennen. Wenn nicht, werden die Begriffe gemeinsam erarbeitet.
Nun kann das Spiel beginnen. Ein Kind schließt die Augen, ein anderes Kind versteckt das Mäuschen in einem geometrischen Häuschen. Dafür öffnet es beispielsweise das Dreieck, legt das Mäuschen hinein und schließt es schnell wieder. Zu folgendem Spruch kann dann das Suchspiel beginnen:

Diese Häuser haben Ecken, das Mäuschen mag sich hier verstecken.
Ich zähle nun all die Ecken, kann die Maus sich hier verstecken?
Ich tippe hin und guck hinein, kann das Mäuschen hier in diesem (Dreieck-, Viereck-, Fünfeck-, Sechseck-)Häuschen sein?
Dann öffnet das Kind das auserwählte Häuschen. Hat sich die Maus hier versteckt, kann das Spiel von Neuem beginnen. Wurde es nicht gefunden, darf ein anderes Kind weiterraten.
Oh wie nett, hier hat das Mäuschen sich versteckt./Oh nein, das Mäuschen muss woanders sein.

TIPP Im Anschluss können die Kinder ein Bild von dem Mäuschen in ihrem Lieblingshäuschen (einer beliebigen geometrischen Figur) malen.

Förderziele: Formen erkennen und benennen • Sprache in mathematischem Kontext verstehen

Wie groß du bist!

So groß bin ich schon! Kinder zeigen und messen gerne ihre Körpergröße! Bei diesem Mitmachspruch werden die Kinder deshalb richtig stolz auf ihre bisher erlangte Körpergröße, weil sie mit konkreten Zahlen belegt wird.

Gruppe
Kleingruppe
Alter
3 bis 6 Jahre

MATERIAL

Maßband • Papier • Stift

DURCHFÜHRUNG

Sprechen Sie mit den Kindern folgenden Mitmachspruch und nehmen Sie währenddessen mithilfe eines Maßbandes die Messdaten auf.

Dass du groß bist, kann man sehen,
von dem Kopf bis zu den Zehen.
Doch wie groß ist nun groß?
Was sagt das Maßband bloß?
Man sollte nie vergessen,
sich manches Mal zu messen.
Drum stelle dich an diese Wand,
ich nehme nun das lange Band.
Vom Kopf bis zu den Zehen,
da kann ich wirklich sehen:
Du bist ja schon so groß! *(Messdaten sagen)*
Das find ich ganz famos!

TIPP Die Kinder können ihre Körperkonturen am Boden auf einer großen Papierrolle abbilden und die zuvor gewonnenen Messdaten in die abgebildete Figur eingetragen.

Förderziele: Messtechnik und Messwerkzeug kennen- und damit umgehen lernen

Der Apfelbaum

Gruppe
Teilgruppe
Alter
5 bis 6 Jahre

Der Baum hat viele reife Äpfel, doch gibt er uns auch welche ab? Bei diesem Rechengedicht wird genau abgerechnet, denn der Apfelbaum selbst entscheidet, welche Summe an Äpfeln er hergeben möchte.

MATERIAL

Fotokarton in Braun und Grün • Schere • 10 Äpfel • Korb

DURCHFÜHRUNG

Zu folgendem Mitmach-Rechengedicht wird immer dazugerechnet, bis alle Äpfel vom Baum gepflückt sind. Anschließend darf natürlich auch ein Apfel verköstigt werden.
Bevor es losgeht, schneiden Sie aus dem Fotokarton einen Stamm sowie die Baumkrone aus. Legen Sie die Äpfel auf den Baum und stellen Sie den Korb bereit.

DER APFELBAUM

Er ist ein wahrer Früchtetraum, mein großer, schöner Apfelbaum.
10 Äpfel trägt er, rot und rund, sie wandern gleich in meinen Mund.
Doch gibt der Baum nicht alle her, trennt er sich von der Frucht nur schwer.
Schließlich muss man ihn erst fragen: Wie viele Äpfel darf ich haben?
So sagt der Baum: Ich hab die Wahl und nenne dir nun eine Zahl.
ein Kind nennt eine Anzahl von Äpfeln
... Äpfel nimm dir gern von mir, ich hoffe sehr, sie schmecken dir.
ein anderes Kind nimmt die Äpfel vom Baum und legt diese in einen Korb
Die Äpfel waren richtig fein, ein Fruchtgenuss, so soll es sein.
Nun muss man auch die Zahl noch nennen, von Äpfeln, die im Baum noch hängen.
... sind es an der Zahl, nun hat der Baum erneut die Wahl.
Doch wieder muss man ihn erst fragen: Wie viele Äpfel darf ich haben?
Die Äpfel waren richtig fein, ein Fruchtgenuss, so soll es sein.
Oje, es ist so weit, zu Ende geht die Erntezeit.
Der Baum ist leer, das fällt ihm schwer.
Doch eines ist ihm sonnenklar: Er freut sich schon auf nächstes Jahr!

Förderziele: **erste Rechenaufgaben lösen • Sprache in Bewegung umsetzen**

Die Rechenleiter

Drei Sprossen hinauf und zwei hinunter! Hier wird das Rechnen direkt mit der Bewegung verbunden. Neben dem schlauen Köpfchen brauchen die Kinder auch motorisches Geschick.

Gruppe
Kleingruppe
Alter
4 bis 6 Jahre

MATERIAL

Sprossenwand (oder eine kleine Leiter) • Fotokarton • Filzstifte • Klebeband

DURCHFÜHRUNG

Vor dem mathematischen Kletterspaß gestalten die Kinder aus dem Fotokarton Zahlenkärtchen von 1 bis 10. Diese werden am Rand einer Sprossenwand befestigt, indem an jede Sprosse ein Zahlenkärtchen von 1 bis 10 mit Klebeband festgeklebt wird. Mit der 1 beginnt man ganz unten, bei der ersten Sprosse. Danach klettert ein Kind zu folgendem Mitmachspruch immer weiter, bis es die Sprosse 10 erreicht hat.

Hier geht's immer lustig weiter,
auf der langen Rechenleiter.
Wir fangen nun ganz unten an.
Die Sprosse eins, die ist nun dran.
Dort stehen wir mit beiden Füßen
und wollen alle gleich begrüßen.
Nun geht es weiter, immer heiter.
Zwei Sprossen nehmen wir dazu,
dann sind es drei! Hurra, juhu!
Nun geht es weiter, froh und heiter.
Jetzt kommt noch eine, gleich vor mir,
das ist die Sprosse Nummer vier.
Zwei weit're Sprossen will ich erklimmen,
nur nach der Reihe, so wird das stimmen.
Zu vier kommen noch zwei dazu,
dann sind es sechs, ganz schnell, juhu!
Vier weitr'e Sprossen kann ich sehn,
die steig ich rauf, dann sind es zehn!

TIPP Passend zur Rechenleiter kann auch ein Rechenspiel gespielt werden. Ein Kind steht auf der Sprossenwand und ein anderes Kind sagt an, wie viele Sprossen es hinauf- oder hinunterklettern soll.

Förderziele: erste Rechenaufgaben lösen • Sprache in Bewegung umsetzen • Motorik

Eine lange Schlange

Gruppe
Kleingruppe
Alter
3 bis 6 Jahre

Dieser Schlange wird es bange! Zu Recht, denn sie wird in Stücke geteilt und möchte doch lieber ganz sein. Hier erleben die Kinder spielerisch das Bruchrechnen.

MATERIAL

Knete • Fotokarton • Filzstifte • Schere

DURCHFÜHRUNG

Stück für Stück wird die Schlange mit der Schere zerteilt. Wie oft, bestimmen die jeweiligen Zahlenkärtchen, die von den Kindern gemeinsam mit Ihnen vorbereitet werden. Nun benötigen die Kinder ein Stück Knete, aus dem sie eine lange Schlange formen, und schon kann das Spiel beginnen: Die Zahlenkärtchen liegen verdeckt auf dem Tisch. Ein Kind dreht ein Zahlenkärtchen um, die Zahl gibt Aufschluss darüber, in wie viele Stücke die Kneteschlange mit der Schere geschnitten werden soll. Anschließend wird der Spruch gesprochen, die lange Schlange wird in die entsprechende Stückzahl geteilt und letztendlich werden wieder alle Teile zusammengefügt.

Einer langen Schlange
wird nun richtig bange.
Sie hat heut gar kein Glück,
man teilt sie, Stück für Stück.
Erst nach einer Weile,
sieht man nun ... Teile.
Doch das kann nicht sein,
das ist doch gar nicht fein!
Nun kneten wir die Teile,
es dauert eine Weile.
Rollen richtig lange:
Hier ist die ganze Schlange!

Mehrstelliger Zahlenzauber

Gruppe
Kleingruppe
Alter
5 bis 6 Jahre

Es hat doch auch irgendwie etwas Magisches an sich: Stellt sich zu einer Zahl eine zweite hinzu, dann hat sie plötzlich eine andere Bedeutung und einen anderen Namen. Bei folgendem Mitmachspruch erleben die Kinder ganz bewusst den Zauber von mehrstelligen Zahlen.

MATERIAL

Fotokarton • Filzstifte • Steine oder Glasnuggets

DURCHFÜHRUNG

Stellt sich die 1 hinter die 2, dann heißt die Zahl 21! Um den Kindern den Zauber der mehrstelligen Zahlen zu zeigen, benötigt man Zahlenkärtchen von 0 bis 10 in doppelter Ausführung. Stellen Sie die Kärtchen gemeinsam mit den Kindern mithilfe des Fotokartons her. Sind die Kärtchen bereit, zeigen Sie ihnen anhand eines Beispiels, wie mehrstellige Zahlen aussehen.
Anschließend kommt der Mitmachspruch dazu und die Kinder legen, passend zum Spruch, zunächst eine beliebige Zahl auf den Tisch. Anschließend wird eine zweite Zahl entweder vor oder hinter die einzelne Zahl gestellt. Gemeinsam wird mit Ihrer Hilfe überlegt, wie die neue Zahl, die aus beiden Ziffern besteht, nun heißen könnte. Wer möchte, kann die Menge oder die Form der Zahl auch mit Glasnuggets oder kleinen Steinchen nachlegen.

Eine Zahl fühlt sich ganz allein.
Sie sagt nun laut: „Das kann nicht sein!"
Der zweiten Zahl lässt's keine Ruh,
drum stellt sie sich ganz rasch dazu.
Die neue Zahl muss man nennen,
kannst du diese Zahl erkennen?

Förderziele: mehrstellige Zahlen kennen- und benennen lernen

In der Wäscherei

Gruppe
Teilgruppe
Alter
4 bis 6 Jahre

Wäsche waschen ist gar nicht so einfach. Nicht alles darf zusammen in die Waschmaschine. Hier gibt es ein genaues Ordnungskonzept, das die Kinder einander vorgeben.

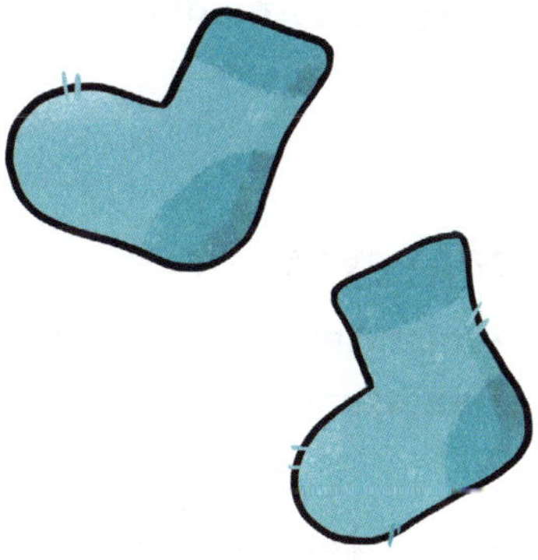

MATERIAL

eine größere Kartonschachtel • Wäschekorb mit Kleidungsstücken in vielen Farben (auch Puppenkleider etc.)

DURCHFÜHRUNG

Hier werden bunte Mengen gewaschen und dafür braucht man bunte Wäsche und eine Waschmaschine.
Gestalten Sie vorab aus einer großen Kartonschachtel eine Waschmaschine. Dafür wird an einer Seite eine runde Öffnungstür ausgeschnitten, die sich öffnen und schließen lässt. Anschließend wird ein Wäschekorb mit unterschiedlichen Kleidungsstücken in vielen Farben bereitgestellt. Schon kann das Spiel beginnen und ein Kind sagt dem Spielpartner an, welche Wäsche in die Waschmaschine darf.

In der großen Wäscherei
ist nicht alles einerlei!
Hier gibt es viel zu waschen,
ganz viele bunte Sachen!
Ich sage dir nun immer an,
was man zusammen waschen kann:
ein Kind sagt einem anderen Kind die gewünschte Wäsche an,
z. B. 2 blaue Socken, 1 rotes T-Shirt, 2 kurze Hosen …
Mit dem Rumpelpumpelzauber
die Kinder kreisen mit ihren Armen
wird die Wäsche wieder sauber!
die Wäsche darf nun aus dem Karton genommen werden

Ticke, tack, tur, tickt dahin die Uhr

Gruppe
Kleingruppe
Alter
5 bis 6 Jahre

Wie spät ist es eigentlich? Wann werde ich abgeholt? Die Uhrzeit spielt auch für Kinder bereits eine große Rolle. Doch viele Kita-Kinder können mit den Zeigern und dem Ziffernblatt noch nicht viel anfangen.

MATERIAL

einen Wecker mit beweglichen Zeigern (oder alternativ eine Spieluhr mit Ziffernblatt) • Handtrommel

DURCHFÜHRUNG

Zeigen Sie den Kindern vorab die Uhr und besprechen Sie gemeinsam die Bestandteile und die Funktionsweise. Wofür sind die beiden Zeiger da? Richtig, um Minuten und Stunden abzulesen. Nun erhält ein Kind eine Handtrommel und schlägt beliebig oft (maximal bis zu zwölfmal) auf die Trommel. Ein anderes Kind erhält die Spieluhr oder den Wecker und stellt nach folgendem Spruch je nach Anzahl der Trommelschläge die vollen Stunden auf der Uhr ein:

Ticke, tacke, tur,
tickt dahin die Uhr!
Eins bis zwölf im Kreis,
dreh'n sich Zeiger leis.
Jetzt bin ich bereit,
für ne neue Zeit!

Förderziele: **mit den Zahlen und Zeigern der Uhr vertraut werden**

Schlaues Köpfchen, aufgepasst! – Logisches Denken in Mitmachgeschichten verpackt

Bei diesen Geschichten reicht es nicht aus, sie einfach nur zu hören. Hier wird zum logischen Denken und zur Konzentration animiert. Bestimmt wollen die Kinder dem Papagei Petto zu einem dichten, farbenprächtigen Gefieder verhelfen oder Peter, der seine Einkaufsliste vergessen hat, beim Einkaufen unterstützen. Den schlauen Köpfchen der Kinder entgeht dabei garantiert kein wichtiges Detail.

Buntes Gefieder für Papagei Petto

Gruppe
Kleingruppe
Alter
4 bis 6 Jahre

Papageien sind für ihr farbenprächtiges Gefieder bekannt. Wenn man als Papagei darüber nicht verfügt, kann das das Leben ganz schön traurig und eintönig machen. Können die Kinder Papagei Petto helfen?

MATERIAL

Knete • bunte Federn • Korb

DURCHFÜHRUNG

Als Vorbereitung zur Geschichte bekommt jedes Kind ein Stück Knete, aus dem es einen kleinen Papagei (Vogel) modelliert. Des Weiteren stellen Sie einen Korb mit bunten Federn für die Kinder bereit.
Anschließend erzählen Sie die Geschichte des traurigen Pettos. An der jeweiligen Textstelle können die Kinder nun ihrem Papagei aus Knete das bunte Gefieder anstecken.

BUNTES GEFIEDER FÜR PAPAGEI PETTO

Papagei Petto saß traurig auf dem großen Blatt einer riesigen Palme im Urwald. Er sah seinen Artgenossen zu, wie sie mit ihren bunten, weit gespannten Flügeln durch die Lüfte schwebten. Papagei Petto wäre auch zu gerne dabei gewesen, doch seine langweiligen grauen, schütteren Federn wollte er einfach nicht zeigen. Zu groß war seine Angst, sich zu blamieren.
Plötzlich setzte sich ein kleiner bunter Kolibri zu Petto und fragte ihn: „Hallo, du lieber Papagei, was ist denn mit dir los? Du siehst traurig aus und fliegst nicht mit den anderen mit!?"
Petto, der farblose Papagei, antwortete: „Weißt du, ich habe leider ein einfarbiges, schütteres Gefieder und schäme mich dafür. Deshalb ziehe ich mich lieber zurück und möchte nicht mit den anderen mitfliegen."
Der Kolibri hatte Mitleid und ihm kam eine Idee: „Aber Petto, sei doch nicht traurig! Ich weiß ein Wundermittel, mit dem wir dein Gefieder im Nu dicht und bunt zaubern können!"
„Ach ja, wie denn?", fragte Petto neugierig.
Der Kolibri erzählte ihm von den Zauberbeeren, die man mitten im Urwald finden konnte. Diese würden das Papageiengefieder in eine dichte und leuchtend bunte Federnpracht verwandeln. So kam auch der kleine Kolibri damals zu seinen herrlichen Federn.
„Dann lass uns keine Zeit verlieren!", forderte Petto den Kolibri auf. Gemeinsam flogen sie durch das Dickicht der hohen Palmen und Bäume im Urwald, bis sie an jener Stelle, direkt vor dem Wasserfall,

Förderziele: **Zahlen und Mengen erfassen • Merkvermögen**

angekommen waren, an der sich die Wiese mit den Zauberbeeren befand. Der Kolibri setzte zur Landung an. Doch was er sah, war leider sehr enttäuschend! Alle Zauberbeeren auf der Glitzerwiese schienen weg zu sein. Offenbar war ihnen jemand zuvorgekommen und hatte die Beeren gepflückt. Traurig saßen die beiden auf der Wiese. In diesem Moment hörten sie ein lautes Klopfen. Sie blickten zu einer Tanne und sahen, dass dort ein Specht mit seinem Schnabel kräftig an dem Baumstamm klopfte.

Der Specht sah die beiden Vögel an und fragte: „Was macht ihr beiden denn hier auf der Wiese?"
Der Kolibri erzählte dem Specht die traurige Geschichte. Der Specht sagte: „Ihr zwei habt großes Glück! Ich habe heute Morgen alle Zauberbeeren gesammelt und in meiner Baumhöhle verwahrt. Du armer Papagei tust mir sehr leid, deshalb möchte ich dir helfen und dir ein paar Zauberbeeren abgeben."
Der Specht schlüpfte durch ein kleines Loch in seine Baumhöhle und als er wiederkam, hatte er eine Fülle an bunten Beeren im Schnabel. Er schenkte dem Papagei zunächst vier blaue Beeren, die er sofort in seinen Papageienschnabel steckte und schluckte. In diesem Augenblick wuchsen Petto vier riesige blaue Federn. Er konnte sein Glück kaum fassen und im Eifer schluckte er drei weitere rote Beeren. Wie durch Zauberhand wuchsen in seinem Gefieder drei riesige rote Federn. Petto streckte die Flügel von sich und traute seinen Augen kaum. Danach schluckte er noch fünf gelbe und sechs grüne Beeren. Wieder kamen riesige Federn, die gelb und grün waren, hinzu.
Der Zauber war vollbracht und Petto war überglücklich.
Er bedankte sich bei seinen Freunden für die Hilfe und von nun an sah man einen weiteren Papagei im Urwald, der beim Fliegen mit großem Stolz seine bunten Flügel zeigte. Es war Petto und wenn man genau hinsah, konnte man erkennen, dass sein Gefieder das bunteste von allen Papageien war.

TIPP Im Anschluss an die Geschichte bietet sich ein Würfelspiel an, bei dem die Kinder ihrem gekneteten Vogel mithilfe eines Augen- und Farbwürfels die gewürfelte Anzahl der bunten Federn in den Knetkörper stecken. Jede Farbe darf nur einmal gewürfelt werden. Wer zuerst alle Farben des Würfels gewürfelt hat, ist der Sieger.

Hirte Jonas und seine Schafe

Gruppe
Kleingruppe
Alter
5 bis 6 Jahre

Zehn Schafe hütet der Hirte, doch was passiert, wenn ein paar Tiere plötzlich fehlen? Hier braucht man rechnerisches Geschick, um zu erkennen, wie viele Schafe verloren gegangen sind.

MATERIAL

Fotokarton • Filzstifte • grünes Tuch oder grünen Fotokartonbogen

DURCHFÜHRUNG

Damit die folgende Geschichte lebendig und anschaulich erzählt werden kann, gestalten Sie gemeinsam mit den Kindern zehn Kärtchen mit aufgezeichneten Schafen (vier schwarze und sechs weiße Schafe). Die Kärtchen mit den Schafen werden passend zur Geschichte auf ein grünes Tuch oder einen grünen Fotokartonbogen gelegt. Die Kinder entfernen die Schafe an den entsprechenden Textstellen bzw. fügen sie wieder hinzu. Das hilft ihnen, die Additions- oder Subtraktionsaufgaben anschaulicher zu lösen.

HIRTE JONAS UND SEINE SCHAFE

Hirte Jonas und Hirtenhund Vasco stehen auf der saftig grünen Weide und hüten die Schafe. Der Hirte kennt seine Schafe gut und weiß genau, dass er vier schwarze und sechs weiße Schafe besitzt. Das saftige Gras schmeckt den Tieren besonders gut und sie können sich kaum daran satt fressen.

Der Hirte und sein Hund sind ein eingespieltes Team. Bevor die Dämmerung anbricht, treiben sie die Schafe zusammen. Dabei läuft Vasco, der Hirtenhund, aufgeregt auf und ab und versucht die Schafe anzutreiben und dazu zu bewegen, sich auf den Weg nach Hause in den Stall zu machen. Wenn Vasco läuft und bellt, hört man das laute und aufgeregte Blöken der Schafe: „Määääh! Määäh!"

Nachdem sie die Weide verlassen haben, müssen sie ein kleines Waldstück durchqueren. Jonas zählt seine Tiere immerzu und hat dabei die Anzahl der weißen Schafe, nämlich sechs Stück, und die der schwarzen Schafe, vier Stück, genau im Kopf. Als er bemerkt, dass sein Schuhband offen ist und er die Schleife bindet, nutzen einige Schafe die Gelegenheit, um Reißaus zu nehmen.

Als Jonas die Tiere anschließend erneut zählt, ruft er aufgeregt: „Ach du Schreck, ein paar meiner Schafe sind weg! Ich zähle nur noch zwei schwarze und fünf weiße Schafe! Welche und wie viele Schafe sind denn nun weg?"

an dieser Stelle können die Kinder mitrechnen und ihr Ergebnis sagen

Oje, tatsächlich haben sich zwei schwarze Schafe und ein weißes Schaf von der Herde entfernt. Nun kommt der Hirtenhund Vasco zum Einsatz. Er ist nicht nur ein guter Hirtenhund, sondern auch ein

Förderziele: erste Subtraktionen bewältigen • Zahlen und Mengen erfassen

ausgezeichneter Spürhund. Er schnüffelt hinter jedem naheliegenden Tannenbaum im Wald und es dauert nicht lange, da hat er auch schon die drei Ausreißer entdeckt.
Hinter einer großen Silbertanne haben es sich die drei Schafe, zwei schwarze und ein weißes, gemütlich gemacht und sich im Moos hingelegt. Vasco gibt laute Bellgeräusche von sich: „Wuff, wuff!" Jonas läuft sofort zu jener Stelle, an der sich die drei übermütigen Schafe befinden, und treibt sie an. Träge stehen die Tiere auf und stapfen zum Rest der Herde zurück.
„Ihr macht vielleicht Sachen! Im Wald kann es doch gefährlich für euch sein!", schimpft der Hirte.
Der Rest des Heimweges verläuft ohne Probleme. Man sieht schon den Bauernhof, auf dem die Tiere mit Jonas und Vasco leben. Schnell treibt Vasco die Tiere in den Stall.
Da wird es auch schon dunkel und man kann die Sterne am Himmel sehen. Jonas beginnt zu zählen und zählt 22 Sterne.
die Kinder zählen mit Ihnen gemeinsam bis 22
„Das war ein aufregender Tag! Du hast gute Arbeit geleistet, mein treuer Hund Vasco", sagt Jonas und krault dem Hirtenhund den Rücken.
Als die beiden erneut in den Stall gehen, um nach den Schafen zu sehen, fällt ihnen auf, dass zwei schwarze und vier weiße Schafe bereits tief und fest schlafen. Wie viele Schafe sind denn noch wach?
hier können die Kinder ihre Antwort geben
Später gehen auch Jonas und Vasco zu Bett. Doch bis Jonas dann tatsächlich gut einschlafen kann, muss er noch die Schäfchen von 1 bis 10 zählen.
die Kinder können gemeinsam mit Ihnen mitzählen
Dann fallen ihm die Augen zu und man hört nur noch ein leises Schnarchen. Gute Nacht!

Die lange Einkaufsliste

Eier, Wurst, Butter, Tomaten und Mehl – habe ich noch etwas vergessen? Diese Frage stellt sich Peter in der folgenden Geschichte und bestimmt können ihm die Kinder dabei helfen, die richtige Antwort nach den gesuchten Lebensmitteln zu finden.

Gruppe
Kleingruppe
Alter
5 bis 6 Jahre

MATERIAL

nach Wunsch: Tonkarton • Malpapier • Schere • Klebestift • nach Wunsch: Supermarktprospekte (alternativ Bilder aus dem Internet) • Malstifte

DURCHFÜHRUNG

Puh, diese Einkaufsliste ist lang! Um die Liste überschaubarer zu machen, gestalten Sie gemeinsam mit den Kindern Bildkarten für die Lebensmittel. Lassen Sie die Kinder die Lebensmittel aufmalen oder aus Supermarktprospekten ausschneiden, alternativ können Sie die Bilder auch aus dem Internet ausdrucken – je nachdem werden die Bilder auf Tonkarton aufgeklebt. Nun werden noch die Zahlenkärtchen (für 1, 2, 3, 4, 5, 6 und 10) für die Preisschilder hergestellt, die die Kinder selbst malen können, ebenso wie das Spielgeld. Passend zum Text der Geschichte ordnen die Kinder die Zahlenkärtchen den Lebensmitteln zu.

DIE LANGE EINKAUFSLISTE

Peter besucht die erste Klasse der Grundschule. Er ist stolz, denn er kann schon erste Rechenaufgaben wunderbar selbst lösen. Auch seine Eltern sind stolz auf Peter und deshalb bittet ihn seine Mutter manchmal, zum Einkaufsladen um die Ecke zu gehen und einige Lebensmittel zu besorgen. Dafür schreibt sie Peter eine Einkaufsliste. Darauf stehen: 10 Eier, 2 Stück Butter, 4 Bananen, 6 Tomaten, 1 Packung Milch, 5 Äpfel und 3 Brötchen. Peter nimmt den Korb, doch leider lässt er die Einkaufsliste auf dem Küchentisch liegen.
Als er im Geschäft angekommen ist, fällt es ihm ein: „Oje, jetzt habe ich die Liste vergessen!", ärgert sich der Junge. Nun muss er gut überlegen, was seine Mutter ihm wohl aufgeschrieben haben könnte. Könnt ihr Peter helfen?
Die Kinder können sich untereinander besprechen und legen die Zahlenkärtchen in der entsprechenden Reihenfolge in die Mitte.
Da erinnert sich der Junge nach und nach. Von den Eiern waren es ... Stück, von der Butter ... Stück, von den Bananen ... Stück, von den Tomaten ... Stück, von der Milch ... Stück, von den Äpfeln ... Stück und von den Brötchen ... Stück.
Puh, Peter kommt beim Nachdenken ganz schön ins Schwitzen. An der Kasse bezahlt er.
ein Kind darf das Spielgeld in die Mitte legen

Förderziele: Konzentration • Merkvermögen • Zahlen und Mengen erkennen und benennen

Als Peter mit dem Einkaufskorb zu Hause ankommt, wartet seine Mutter schon auf ihn. Sie sagt: „Na, Peter, hast du vorhin nicht vielleicht etwas vergessen? Lass uns mal nachsehen, ob du dich trotzdem an alles erinnern konntest."
Gemeinsam begutachten sie die Einkaufsware und stellen fest, dass Peter sich alles gut gemerkt und richtig besorgt hatte.
„Du bist ein toller Junge!", lobt seine Mutter und nimmt Peter in den Arm.
Peter freut sich schon darauf, beim nächsten Mal wieder alleine den Einkauf zu machen, denn das kann er ja schon richtig gut!

TIPP Die Geschichte kann in einem kleinen Rollenspiel vertieft und die Einkaufsliste einfach individuell geändert werden. Wer einen Spiel-Einkaufsladen zur Verfügung hat, kann auch diesen ins Rollenspiel einbauen.

Das kleine gelbe Dreieck

Dreieck, Viereck, Kreis, Trapez – jede Form hat ihre Daseinsberechtigung, speziell in dieser Geschichte. Jede Form ist etwas Besonderes und soll auf geometrische Art und Weise bestmöglich zum Einsatz kommen.

Gruppe
Klein- oder Teilgruppe
Alter
4 bis 6 Jahre

MATERIAL

bunten Fotokarton in Gelb, Grün, Blau und Rot • Schere

DURCHFÜHRUNG

Bei dieser Geschichte bewegen sich die Formen. Aber nicht allein, denn: Gemeinsam ist man stark, auch wenn es dabei um geometrische Vorzüge und Besonderheiten geht.
Für die folgende Geschichte brauchen Sie einige geometrische Formen. Diese können Sie auf Fotokarton aufzeichnen (ein gelbes Dreieck, einen grünen Kreis, ein großes blaues Rechteck, ein ganz großes rotes Sechseck) und von den Kindern mit der Schere ausschneiden lassen. Anschließend erzählen Sie die Geschichte – passend zum Text werden die Formen bewegt, gefaltet oder gelegt.

DAS KLEINE GELBE DREIECK

Es war einmal ein kleines gelbes Dreieck, das sich eines Tages im Spiegel betrachtete und seine drei Ecken zählte. Dabei blickte es traurig auf sein Spiegelbild und sagte: „Irgendwie sehe ich seltsam aus. Diese drei Ecken und das eintönige Gelb machen mein Aussehen gar nicht interessant."
Danach dachte es an seinen Freund, den grünen Kreis, der immerzu am Rollen war. Lustig und rund bewegte er sich durch die Gegend. Er war ein fröhlicher Typ und seine schnelle, rollende Fortbewegungsart machte ihn lebendig und interessant.
Als Nächstes fiel dem gelben Dreieck noch das blaue Rechteck ein. Es war groß und hatte vier Ecken. Manchmal wagte es einen Zaubertrick und faltete seinen Körper genau in der Mitte zu einem kleinen Rechteck zusammen. Damit trickste es die geometrischen Freunde gerne aus. Manche dachten, es sei so klein, doch dann entfaltete es sich blitzschnell zu einem großen, stolzen blauen Rechteck. Es hatte vier Ecken. Und weil es so groß war, konnten sich andere geometrische Freunde wie beispielsweise der Kreis darin verstecken.
Bei diesem Gedanken dachte das Dreieck wieder an sein eigenes Aussehen, das, wie es meinte, nichts Besonderes war.
Erneut fiel ihm ein anderer geometrischer Artgenosse ein. Das riesige rote Sechseck. Es wirkte mächtig und hatte viele, um genau zu sein sechs Ecken.
Das Sechseck konnte auch zaubern. Wenn sich dieses in der Mitte faltete, dann entstand eine neue geometrische Form, nämlich das Trapez. Diese Erkenntnis stimmte das kleine gelbe Dreieck erneut

Förderziele: geometrische Formen erkennen und benennen • Merkvermögen

traurig. Es fühlte sich so überflüssig. Wer konnte es schon brauchen, wenn es doch ein Niemand war, das nichts konnte?
Plötzlich klopfte es fünfmal an der Haustür. Klopf, klopf, klopf, klopf, klopf.
„Wer könnte das denn sein?", dachte das kleine Dreieck.
Als es die Tür öffnete, stand der Kreis vor dem Dreieck. Er sagte: „Komm schon, mein lieber dreieckiger Freund! Wir spielen auf der Wiese ein lustiges Formenspiel und du fehlst in unserer Runde!"
Das Dreieck sagte traurig: „Ich fehle? Mich braucht doch niemand!"
„Ach, das ist doch Quatsch! Komm mit mir!", ermutigte der Kreis das traurige Dreieck. Schließlich ließ sich das Dreieck überzeugen und folgte dem Kreis.
Auf der Wiese warteten schon die anderen. Das blaue Rechteck und das Sechseck konnten die Ankunft der beiden kaum erwarten.
Das Rechteck sagte: „Hallo, ihr beiden! Gut, dass ihr gekommen seid, denn heute wollen wir ein hohes geometrisches Gebilde erschaffen. Dafür brauchen wir euch dringend!"
Das Dreieck wirkte zunächst unsicher, doch dann ließ es sich einfach auf den Vorschlag ein. Sie begannen sich aufeinanderzustapeln. Ganz unten war das große, mächtige Sechseck. Darüber das Rechteck, dann der Kreis und an der obersten Spitze das kleine Dreieck. Seine spitze Ecke ragte in den Himmel. Es blickte zu den anderen hinunter und fühlte sich plötzlich nicht mehr klein und zu nichts nütze. Auf einmal bemerkte es, dass es doch wichtig war. Es war der stolze Gipfel eines Turms und zeigte mit seiner schönsten Spitze Richtung Himmel.
„Puh, ist das hoch!", kicherte das kleine Dreieck.
Die anderen blickten zu ihm auf und sagten: „Siehst du, kleines Dreieck, wie wichtig du bist? Du bist die wertvolle Spitze unseres Turms!"
Das kleine Dreieck lächelte stolz und von diesem Tag an fühlte es sich keineswegs mehr unwichtig.

Sarahs Tagesablauf

Der Tag ist bei vielen dicht gefüllt, eine Aktivität folgt auf die nächste. Bestimmt können die Kinder anhand der folgenden Geschichte direkte Parallelen zu ihrem Alltag herstellen.

Gruppe
Teilgruppe
Alter
4 bis 6 Jahre

MATERIAL

Wecker mit verstellbaren Zeigern (alternativ eine Spieluhr)

DURCHFÜHRUNG

Lesen Sie den Kindern die Geschichte vor, dabei sollen sie den Wecker entsprechend der angegebenen Zeiten in der Geschichte stellen. Besprechen Sie gemeinsam die Bestandteile und die Funktion des Weckers. Wofür sind die beiden Zeiger da? Richtig, um Minuten und Stunden abzulesen. Jüngeren Kindern werden Sie beim Verstellen des Weckers eventuell noch etwas helfen müssen.
Im Anschluss an die Geschichte können die Kinder davon berichten, wie ihr individueller Tagesablauf aussieht. Wann stehen sie auf? Wann treffen sie in der Kita ein und wann werden sie wieder abgeholt? Gibt es Rituale in der Woche, die besonders sind? Wann finden diese statt?

SARAHS TAGESABLAUF

Es ist früh am Morgen und draußen ist es noch dunkel. Plötzlich hört man genau um 6.30 Uhr aus Sarahs Zimmer im Haus von Familie Berger den Wecker läuten. Ein lautes „Klirrrrrrrr!" ist zu hören. Die sechsjährige Sarah dreht sich zur Seite und murmelt: „Uaaahhhh, ich bin doch noch so müde." Mit einer Hand drückt sie auf einen Knopf am Wecker, der im Nu abgeschaltet ist.
Nach weiteren 10 Minuten setzt sich die Mutter ans Bett ihrer Tochter. Sie streichelt Sarah übers Haar und flüstert: „Mein lieber Schatz, du musst aufstehen. Ein neuer Tag beginnt. Heute ist Freitag, der letzte Schultag in dieser Woche."
Plötzlich ist Sarah hellwach. Sie setzt sich flink an den Frühstückstisch, schlürft ihren Kakao und isst ein Marmeladenbrot. Danach huscht sie ins Bad, wäscht sich, putzt sich die Zähne, kämmt ihr langes braunes Haar und zieht ihre Kleidung an.
Das Mädchen freut sich, denn heute ist ein besonderer Tag. Am Nachmittag besucht Sarah ihre beste Freundin Viola. Doch vorher steht noch der Schulbesuch an.
Um 7.30 Uhr ist sie startklar. Sie zieht ihre Jacke und die Schuhe an, nimmt ihren Schulranzen und marschiert zur Bushaltestelle. Dort kommt auch schon der Bus, der Sarah zur Schule bringt.
Im Bus trifft Sarah ihre Freundin Viola. Sie setzt sich direkt neben sie. Die beiden freuen sich schon auf den Nachmittag, den sie gemeinsam verbringen werden.
Um Punkt 8.00 Uhr hört man die Schulglocken läuten: „Ding, dong, dong."
Schnell eilen die Schüler in die Klasse und setzen sich auf ihren Platz. Die Lehrerin betritt die Klasse und in der ersten Stunde wird das Fach Deutsch unterrichtet. Die Deutschstunde ist spannend,

Förderziele: **mit den Zahlen und Zeigern der Uhr vertraut werden**

denn Tom hält ein Referat über Hunde. Er selbst hat einen süßen Golden Retriever. Interessant, was man dabei alles über die Vierbeiner erfahren kann.
Danach haben die Kinder Mathematik und Kunst. Der Vormittag vergeht wie im Flug.
Als Sarah auf die Uhr blickt, ist es schon 11.10 Uhr. Die letzte Unterrichtsstunde beginnt und das ist die Turnstunde. Turnen macht Sarah viel Freude und heute sogar noch mehr als sonst, denn die Klasse spielt Völkerball.
Um 12.00 Uhr endet freitags die Schule. Die Kinder machen sich auf den Heimweg. Sarah darf gleich nach der Schule mit Viola mitfahren, die von ihrer Mutter abgeholt wird.
Violas Mama begrüßt die Kinder freundlich und sagt: „Na, ihr beiden, seid ihr schon hungrig. Ich habe Spaghetti vorbereitet!" Da lächeln die Mädchen und ihre Mägen fangen gleich an, leise zu knurren.
Um 12.45 Uhr essen sie die leckeren Spaghetti, auf die sie sich schon riesig gefreut haben. Es schmeckt den beiden sichtlich, denn sie haben einen roten Tomatenmund. Nach dem Essen wollen sie im Garten spielen. Sie lieben es, Blätter zu sammeln und damit etwas Schönes zu basteln. Einmal haben sie aus den Blättern eine lange Blätterkette gefädelt. Das sah toll aus.
Als Sarah auf die Uhr blickt, ist es bereits 16.00 Uhr. In einer Stunde wird das Mädchen schon wieder abgeholt. Schnell wollen die beiden Freundinnen noch ins Haus gehen und gemeinsam „Mensch ärgere dich nicht" spielen. Bei einer Spielrunde gewinnt Sarah, bei der anderen Viola. „Gleichstand!", ruft Viola und umarmt ihre Freundin.
Um 17.00 Uhr läutet es an der Tür. Es ist Sarahs Mutter, die ihre Tochter abholt.
Zu Hause wartet schon das Abendbrot. Sarahs Bruder Max und ihr Vater sitzen bereits am Tisch. Um 18.00 Uhr essen sie gemeinsam Toast. Das schmeckt allen.
Am Abend erzählt Sarah von ihrem Tag und ehe sie sich versieht, ist es auch schon 20.00 Uhr.
„So, meine Lieben, jetzt macht ihr euch fürs Bett bereit!", sagt ihre Mutter.
Nach dem Waschen und Zähneputzen schlüpfen die Kinder in ihren Lieblingspyjama und legen sich in ihre kuscheligen Betten. Um 20.30 Uhr blickt Sarah das letzte Mal auf die Uhr, bevor sie ihre Augen schließt und friedlich einschläft. Das war ein aufregender Tag!

Die Zahlenparty

Niemand ist gern allein. Auch die Zahlen nicht! Bei dieser Geschichte veranstalten die Zahlen eine Party und die Kinder können neben dem Hören der Geschichte ein buntes Zahlen-Partyplakat gestalten.

Gruppe
Kleingruppe
Alter
5–6 Jahre

MATERIAL

Filzstifte • DIN-A4-Blätter

DURCHFÜHRUNG

Wenn Zahlen eine Party veranstalten, dann ist Spaß garantiert. Diese kunterbunte Zahlenparty lädt die Kinder neben dem Hören auch zur kreativen Gestaltung ein. Finden Sie sich mit den Kindern an einem Tisch zusammen und stellen Sie ihnen Filzstifte und jeweils ein weißes DIN-A4-Blatt zur Verfügung. Die Kinder können nun parallel ihr Bild malen, passend zur Geschichte, bzw. auf dieses schreiben, während Sie die Geschichte vorlesen.

DIE ZAHLENPARTY

In einem großen, weißen Raum stand ganz allein die rote Eins.

die Kinder schreiben auf das Papier mit rotem Filzstift die Zahl Eins auf

Sie war traurig und fühlte sich einsam. „Immer stehe ich alleine da! Das möchte ich nicht!", murmelte die rote Eins vor sich hin.

Da kam der traurigen Zahl plötzlich die Idee, eine Zahlenparty zu veranstalten. Freudig lud sie der Reihe nach alle ihre bunten Zahlenfreunde ein. Sie begann mit der gelben Zwei, dann ging sie zur lilafarbenen Drei. Anschließend besuchte sie die grüne Vier und die orangefarbene Fünf, um die beiden zu ihrer Feier einzuladen. Die blaue Sechs und die braune Sieben traf sie gemeinsam an und die pinkfarbene Acht, die schwarze Neun und die türkisfarbene Zehn waren als Letztes dran.

Jetzt musste die rote Eins nur noch darauf warten, dass ihre Gäste kommen.

die Kinder schreiben nun der Reihe nach mit buntem Filzstift die entsprechenden Zahlen auf und malen die Gastgeschenke in der richtigen Menge dazu

Geschwind eilte der erste Gast herbei und freute sich, an der Party teilhaben zu dürfen. „Hallo, liebe Eins, das ist aber nett, dass du

Förderziele: Zahlen erkennen, benennen und schreiben • Merkvermögen

mich eingeladen hast!", begrüßte die gelbe Zwei den Gastgeber und als Geschenk brachte sie zwei Stück leckeren Kirschkuchen mit.
Der Reihe nach trafen die weiteren Gäste ein: Die lilafarbene Drei kam als Nächstes und brachte drei saftige Äpfel mit. Die grüne Vier klopfte anschließend an die Tür und hatte als Geschenk vier Würstchen dabei. Die orangefarbene Fünf hatte fünf Bananen dabei und mit ihr kam die blaue Sechs, die sechs Flaschen Apfelsaft als Gastgeschenk bei sich trug. Die braune Sieben kam mit sieben Brötchen an und die pinkfarbene Acht eilte kurz vor acht Uhr mit acht Donuts herbei. Die schwarze Neun kam mit neun Käsestückchen bei der Party an.
Als sich die Zahlenfreunde umsahen, bemerkten sie, dass eine Zahl fehlte. Es war die Zehn! Wo war sie nur geblieben? In diesem Moment öffnete sich die Tür und die zweistellige türkisfarbene Zehn stolzierte herein! Sie hielt zehn bunte Luftballons in den Händen, jeweils in den Farben der zehn Freunde, und pustete die Ballons durch den Raum.
Sie rief: „Macht die Musik an und lasst uns tanzen!"
Von da an wurde getanzt und gelacht. Die Party dauerte die ganze Nacht und alle Zahlen hatten ihren Spaß. Die Eins war glücklich und genoss in dieser Nacht die gute, kunterbunte Zahlengesellschaft aus all ihren Freunden.

IMPRESSUM

Bibliografische Information der Deutschen Bibliothek
Die Deutsche Bibliothek verzeichnet diese Publikation in der Deutschen Nationalbibliografie; detaillierte bibliografische Daten sind im Internet über http://dnb.ddb.de abrufbar.

1. Auflage 2023

Text: Katrin Weitzer
Illustrationen: Matthia Tiemeyer
Satz & Gestaltung: Katrin Kleinschrot

Druck und Bindung: GCC, Calbe
ISBN 978-3-7806-5194-5